MUSÉE LITTÉRAIRE DU SIÈCLE, A 20 CENTIMES LA LIVRAISON

# EUGÈNE SCRIBE

## PROVERBES

UN MINISTRE SOUS LOUIS XV. — LE JEUNE DOCTEUR. — LA CONVERSION. — POTEMKIN.
LE TÊTE-A-TÊTE.

### Prix : 70 cent.

PARIS

MICHEL LEVY FRÈRES, LIBRAIRES-ÉDITEURS

RUE VIVIENNE, 2 BIS

BUREAUX DU JOURNAL LE SIÈCLE, RUE DU CROISSANT, 16

1853

# UN MINISTRE SOUS LOUIS XV

PAR
## EUGÈNE SCRIBE
DE L'ACADÉMIE FRANÇAISE.

## SCÈNE PREMIÈRE.

Le cabinet du ministre.

LE DUC DE CHOISEUL, reconduisant jusqu'à la porte de son cabinet et saluant.

J'aurai l'honneur de rappeler cette affaire à Sa Majesté. (Revenant près de son bureau.) Je ne me trompais pas; j'étais bien sûr, en voyant M. de Noailles de si bon matin, qu'il était mort quelqu'un cette nuit. Demander!... toujours demander!!... Il semble que la France soit son patrimoine, à lui et aux siens... Un régiment de dragons est vacant, il le lui faut... et de quel droit? et pour qui?... pour un parent de sa femme... (Décachetant d'autres lettres qu'il tient à la main.) Le marquis de l'Hôpital sollicite aussi... pour un amant de la sienne .. le chevalier de Cussy... c'est le plus raisonnable. Voilà des titres! la marquise est si laide à présent, que ce pauvre chevalier a droit à quelque indemnité. (Décachetant d'autres lettres.) Tout le monde veut donc ce régiment?... Jusqu'aux archevêques qui s'en mêlent! M. d'Aix, M. de Toulouse me recommandent le comte de Langeac; et pourquoi?... ah!... à cause de Mlle de Bèze de l'Opéra. Recommander un rival, et un rival heureux! Au fait, ils le sont tous trois; ils le savent, et s'en accommodent à merveille... La Trinité n'a rien qui doive effrayer des princes de l'Église. (Il prend un portefeuille de maroquin rouge, et y serre tous ces papiers.) Allons, allons, la pétition du duc, la recommandation du marquis et les lettres pastorales... je soumettrai tout cela à Sa Majesté Très Chrétienne, qui en décidera. (S'asseyant devant son bureau.) Travaillons, puisqu'une fois par hasard on m'en laisse le temps. (Il sonne. — Paraît le valet de chambre du duc.) Chompré!

CHOMPRÉ.

Monseigneur!...

LE DUC.

Je n'y suis pour personne; vous entendez...

CHOMPRÉ.

Oui, monseigneur. (Il sort.)

LE DUC, prenant un cahier qui est sur la table.

Voici d'abord le dernier rapport de M. de Sartines. Quel ennuyeux fatras! quel répertoire de scandale! mais cela amuse le roi, et il est si difficile d'amuser un roi! Voyons cependant, avant de le lui lire ce soir, s'il n'y a rien contre moi... (Lisant tout bas.) Non... non... « La maréchale de Mirepoix a engagé ses diamants pour trente mille francs qu'elle doit. » Belle nouvelle! (Continuant à parcourir le registre.) Une aventure de la comtesse d'Egmont avec le comédien Molé!... (Lisant.) « Mme de Guéménée s'est déguisée hier en revendeuse à la toilette, pour se rendre chez Clairval de la Comédie-Italienne. » Ces dames aiment beaucoup la comédie!... (Parcourant la fin du registre.) Du reste, toujours la même chose; rien de neuf, rien d'original. M. de Sartines ne pourrait-il pas inventer? Il me semble que la police est payée assez cher pour avoir de l'imagination. (S'arrêtant.) Ah! ah! un vol considérable fait chez M. de Faverolles, chevalier de Saint-Louis, lieutenant-colonel!... (Il se lève et marche en rêvant.) M. de Faverolles, un ancien ami qui ne m'importune pas de ses visites; car je ne l'ai pas vu encore depuis que je suis au ministère. — Brave militaire, qui n'est pas riche, qui a une famille nombreuse; bon gentilhomme, qu'on prendrait pour un officier de fortune; car depuis quinze ans qu'il est lieutenant-colonel, il attend en vain un régiment... Eh! mais, celui de ce matin... oui, c'est à lui que cela revient... Il l'obtiendra en dépit de ses concurrents.— Je sais bien que toutes les dames de la cour vont m'accabler de sollicitations, et qu'il faut du courage pour résister ici à l'influence féminine... N'importe...j'en aurai! (Marchant rapidement dans l'appartement.) Empire du boudoir! — Sceptre tombé en quenouille!! — Le roi de Prusse a raison, nous sommes au règne du cotillon et nous n'en sortons pas! Mme de Châteauroux était Cotillon Ier, Mme de Pompadour Cotillon II; j'empêcherai bien, si je peux, l'avénement au trône de Cotillon III, ou je me retirerai, je donnerai ma démission. Est-il donc si nécessaire d'être ministre? ne peut-on vivre sans portefeuille? Moi, je n'ai point d'ambition... mais jamais je ne partagerai la faveur du souverain, ni le pouvoir suprême avec une femme... On n'en a déjà pas trop à soi tout seul... (Se rasseyant.) Allons, allons, voilà qui est dit : Je ferai nommer M. de Faverolles, qui ne me demande rien. — J'irai au-devant du mérite... voilà une bonne pensée... une bonne action, et cela dispose au travail... Examinons ce projet de canalisation que l'on me propose... Quel beau pays que la France! (Il prend la plume et s'arrête.) Si on la connaissait... si elle se connaissait elle-même! Elle dort, et son sommeil en Europe est encore une puissance... mais si jamais elle ouvre les yeux, si elle se lève... quel réveil!...

(Il travaille pendant quelques minutes avec ardeur.)

## SCÈNE II.

LE DUC, CHOMPRÉ.

CHOMPRÉ, entr'ouvrant la porte.

Une jeune et jolie dame demande à parler à monseigneur.

LE DUC, avec impatience.

Je vous avais dit que je n'y étais pour personne.

CHOMPRÉ, embarrassé.

Oui, monseigneur... mais j'ai pensé qu'une dame, c'était différent.

LE DUC, avec humeur.

C'est la même chose... Sortez... (Le rappelant.) Chompré ! — Qui est celle-là ?

CHOMPRÉ.

Madame la marquise de Castellane.

LE DUC.

La marquise ! — Elle qui, depuis quelques jours, dit-on, est admise dans les petits appartemens ! je n'aurais qu'à la refuser... voilà une personne de plus en droit de décrier mon ministère et de prédire la ruine de la monarchie !... Qu'elle entre !

(Chompré sort.)

LE DUC, jetant sa plume avec colère.

Abandonner un travail utile et nécessaire ! perdre son temps en fadaises et insipides galanteries !—Quel ennui !

## SCÈNE III.

(Chompré rentre, annonce la marquise, et sort.)

LE DUC, LA MARQUISE.

LE DUC, allant au-devant de la marquise.

Madame de Castellane chez moi... à cette heure ! Je vais me croire en bonne fortune.

LA MARQUISE.

Quoi, monsieur le duc, vous me reconnaissez ?... il y a si longtemps que nous ne nous sommes rencontrés !

LE DUC, lui offrant un siége.

C'est ce dont je me plaignais !... Autrefois j'étais favorisé : la duchesse vous voyait souvent; mais depuis notre arrivée au ministère vous nous avez disgraciés.

LA MARQUISE, s'asseyant.

Je vous prouve le contraire en venant ainsi vous surprendre à l'improviste ; je n'avais pas eu le temps de vous écrire pour vous demander un rendez-vous.

LE DUC.

Un rendez-vous à moi !

LA MARQUISE, souriant.

Oui, sans doute.

LE DUC.

C'est le monde renversé !

LA MARQUISE, étourdiment.

C'est ce que je disais dans votre antichambre. N'est-il pas étonnant que, sous prétexte qu'on est ministre, une jeune et jolie femme soit obligée de venir vous faire sa cour? car c'est là l'objet de ma visite, et en vérité je suis fort embarrassée et je ne sais que vous dire...

LE DUC.

Eh ! mais, ce que je vous disais autrefois !

LA MARQUISE, rougissant.

Ah ! vous vous le rappelez encore ! Je croyais qu'à la cour on oubliait tout...

LE DUC.

Excepté ses amis.

LA MARQUISE.

C'est parfait ! on me disait bien que vous étiez le plus aimable des hommes et le meilleur des ministres ; que vous ne saviez rien refuser.

LE DUC.

Je ne vous adresserai pas le même éloge.

LA MARQUISE.

Oui... on me fait ici une réputation de sévérité pour me perdre dans l'esprit du roi. C'est une cabale montée par mesdames de Coigny et de Montbarrey. — Je les laisse dire.

LE DUC.

Bien sûre, quand vous voudrez, de déjouer leur complot et de faire connaître la vérité à Sa Majesté.

LA MARQUISE, baissant les yeux.

Je ne crois pas que Sa Majesté se soucie de la connaître. (Avec volubilité.) Mais en ce moment il s'agit de son ministre. — Je n'abuserai pas de ses momens ; ils sont si précieux ! — J'arrive à l'objet de ma demande. Le roi va demain à Choisy, et comme il passe devant ma terre de Maisons, vous vous rappelez... cette belle terrasse qui borde la grande route... il me fait l'honneur de s'y arrêter pour déjeuner. Nous aurons messieurs de Richelieu, de Chauvelin, de La Vauguyon, et comme je ne connais personne au monde, monsieur le duc, dont la présence soit plus agréable que la vôtre à Sa Majesté, je voulais vous prier de me faire aussi cet honneur.

LE DUC.

Quoi ! madame, c'est là cette grâce que vous veniez solliciter, et que tant d'autres auraient imploré de vous ?

LA MARQUISE, se levant.

Vous acceptez? c'est divin ! pas un mot de plus : je vous laisse. — Adieu, monsieur le duc. Enchantée de votre obligeance.

LE DUC, lui offrant la main pour la reconduire.

Permettez, madame...

LA MARQUISE, prête à sortir et s'arrêtant au milieu de sa révérence.

Un mot encore ! on assurait hier qu'un régiment de dragons allait être vacant, que le colonel avait été blessé mortellement dans un duel, au sujet... (Ayant l'air de chercher) de... mademoiselle Clairon, de mademoiselle Dumesnil ou de madame de Forcalquier, quelque chose dans ce genre-là... je ne sais pas au juste les détails... mais vous, monsieur le duc, vous devez connaître...

LE DUC.

Parfaitement ! je vous conterai cela demain !

LA MARQUISE, vivement.

Le colonel est donc mort ?

LE DUC, étonné.

Vous l'ai-je dit?...

LA MARQUISE.

Je le présume, et dans ce cas je vous prierai de penser à un de mes cousins, le jeune marquis d'Aubuisson, qui a produit tant d'effet au dernier quadrille de la cour, que madame Adélaïde et madame Louise elle-même l'ont remarqué ! Du reste, il a des titres... il est depuis deux mois dans les mousquetaires !

LE DUC.

Vraiment !

LA MARQUISE.

Un tout jeune homme!... une taille superbe! à peine dix-huit ans, et vous lui en donneriez vingt-cinq pour la tournure et la bonne mine... Ce sont là des qualités précieuses... à la tête d'un régiment, et j'espère qu'il nous fera honneur.

LE DUC, embarrassé.

Je conviens, madame, que c'est un militaire... qui danse très-bien... mais...

LA MARQUISE, vivement.

Oh! il n'y a pas de mais... c'est une affaire convenue. — J'ai votre promesse... vous êtes trop aimable pour ne pas la tenir... surtout avec des dames...

LE DUC.

Permettez cependant...

LA MARQUISE, d'un air aimable.

Je pourrais le demander au roi, j'aime mieux vous le devoir. (Avec coquetterie) Je ne crains pas, vous le voyez, le fardeau de la reconnaissance.

LE DUC.

Je voudrais mériter la vôtre, mais ce n'est pas en mon pouvoir; le régiment en question est déjà donné.

LA MARQUISE, changeant de ton.

Et à qui donc?

LE DUC.

A un vieux militaire, monsieur de Faverolles, qui depuis quinze ans attend de l'avancement.

LA MARQUISE, avec dépit.

Il me semble, monsieur, que, quand on a attendu quinze ans, on peut bien encore sans se gêner... D'ailleurs, quel est ce monsieur de Faverolles? qui est-ce qui connaît cela? qui s'y intéresse? (d'un air de mépris) est-ce seulement un gentilhomme?

LE DUC, avec indignation.

Madame !...

LA MARQUISE.

Mon Dieu, je veux bien le croire! je vous en crois, monsieur le duc, sur parole! mais quand vous en manqueriez avec lui, où serait le mal? Ne peut-on pas dire qu'une volonté supérieure... qu'on vous a forcé la main?...

LE DUC, souriant.

Voilà de ces choses qu'un ministre ne peut pas avouer, et que maintenant, pour ma part, je regarde comme impossibles.— Oui, madame, je dois croire à présent que personne n'y parviendra, puisque j'ai eu le courage de vous résister.

LA MARQUISE, froidement.

Trève de galanteries, monsieur le duc! parlons sérieusement: voulez-vous m'accorder ce régiment?

LE DUC, d'un accent pénétré.

Je vous proteste, madame la marquise, que je n'ai rien plus à cœur que de vous être agréable, et que vous me voyez véritablement désolé...

LA MARQUISE, froidement, et le regardant en face.

Du tout... vous ne l'êtes pas! mais plus tard peut-être vous le serez. (Pesant lentement ses paroles.) Je ne dis plus qu'un mot : aurai-je ce régiment? oui ou non?

LE DUC.

Eh! mais, madame, est-ce une déclaration de guerre que vous m'adressez?

LA MARQUISE, impérieusement.

Ce régiment !... Il me le faut, je le veux ! oui, monsieur le duc, je le veux!...

LE DUC, avec dignité.

Le roi seul a droit de me parler ainsi, et si c'était pour me commander une injustice, j'aurais la douleur de lui répondre ce que je vous répondrai à vous-même, madame : cela ne se peut pas.

LA MARQUISE, hors d'elle-même.

Il suffit, monsieur, il suffit! vous vous en repentirez !... Je me vengerai! il ne faut pas croire qu'il soit difficile de faire des ministres!

LE DUC, froidement.

Je n'en doute pas, madame ; c'est beaucoup plus aisé dans ce moment que de faire des colonels!

LA MARQUISE, outrée.

Oui, monsieur le duc, on connaîtra votre conduite. On saura que vous ne faites usage du pouvoir que pour commettre des injustices, et tel me refuse aujourd'hui qui sera trop heureux demain... d'implorer à mes pieds... une grâce qu'il n'obtiendra pas !

LE DUC, étonné.

Que voulez-vous dire?

LA MARQUISE.

Vous n'êtes pas assez de mes amis pour que je m'explique davantage. — Je vous salue, monsieur le duc.

(Elle sort.)

## SCÈNE IV.

LE DUC, seul.

Qu'est-ce que cela signifie?... Quel est son dessein? — de se réunir à mes ennemis!—C'est clair... Eh bien! c'en sera un de plus ! et grâce au ciel, sur la quantité, je ne m'en apercevrai pas! (Il se promène en rêvant.) Il est vrai que celle-ci est redoutable, non par son rang... mais par ses liaisons... Si elle me fait un ennemi de chacun de ses amans, je suis un homme perdu! (S'arrêtant.) Non... ce n'est pas là sa pensée!... Elle se croit certaine du succès; — elle en espère un prochain et immédiat! (Recommençant à se promener vivement.) Oui, sa confiance l'a trahie... Les femmes seraient trop redoutables en affaires, si, à tous leurs autres avantages, elles joignaient celui de la discrétion! (Il sonne.) — Chompré paraît.) Y a-t-il là quelqu'un?

CHOMPRÉ.

M. le *Premier* du roi, qui attend que monseigneur soit visible.

LE DUC.

Le premier valet de chambre... le confident intime de Sa Majesté; il ne pouvait venir plus à propos! Qu'il entre.

CHOMPRÉ, annonçant.

M. le Premier du roi.

(Il sort.)

## SCÈNE V.

LE DUC, LEBEL.

LEBEL, s'inclinant.

Je présente mes respectueux hommages à monsieur le duc.

LE DUC, d'un air familier, et continuant à se promener.

Bonjour, Lebel, bonjour! qu'y a-t-il de nouveau?

LEBEL, avec émotion.

Il y a, monseigneur, que je viens à vous, parce que tous les jours je suis tenté de donner ma démission.

LE DUC, étonné.

Toi ! le ministre secret des plaisirs du roi !

LEBEL, avec une nuance d'orgueil.

Le poste est agréable, j'en conviens, pour le crédit et la considération... mais...

LE DUC, souriant et achevant sa phrase.

Mais il te donne trop de mal, trop d'occupation?

LEBEL.

Ce ne serait rien ! depuis le temps, j'y suis fait !

LE DUC.

Est-ce que Sa Majesté supprimerait le traitement qu'elle te fait sur sa cassette?

LEBEL, avec dignité.

Monsieur le duc, je vous prie de croire que je ne tiens pas aux appointemens ; mais je tiens à l'honneur !

LE DUC, étonné.

Vraiment?

LEBEL, avec chaleur.

Je tiens à mes prérogatives. J'ai une charge que je remplis, j'ose le dire, à la satisfaction générale. Hé bien ! non content de me l'envier, chacun ici va sur mes brisées et empiète sur mes attributions !... est-ce juste?

LE DUC, souriant.

Non, sans doute.

LEBEL, continuant à s'échauffer.

Vais-je me mêler de ce que fait monsieur de Praslin? Vais-je troubler monsieur de Saint-Florentin dans la vente de ses lettres de cachet? Vais-je empêcher monsieur de Jarente de coucher qui il veut sur la feuille des bénéfices? Hé bien ! tous ces messieurs de la cour sont loin d'avoir la même délicatesse que moi ! il n'y en a pas un... je dis des plus huppés, qui, lorsque par hasard il a une jolie sœur ou une jolie femme, ne s'empresse, pour me faire du tort, de la faire trouver sur le passage de Sa Majesté.

LE DUC, détournant la tête avec indignation.

Quelle infamie !

LEBEL, encouragé et croyant que le duc entre dans son idée.

C'est ce que je dis ! comme si je n'étais pas là pour la présenter ! Après cela, de leur côté, les dames de la cour m'en veulent, parce que maintenant Sa Majesté préfère la bourgeoisie. C'est un tort . j'en conviens : il vaudrait mieux que le roi ne choisît ses maîtresses que dans les rangs de sa fidèle noblesse... mais enfin est-ce ma faute ?

LE DUC.

Cela suffit...

LEBEL, continuant avec chaleur et sans s'apercevoir que le duc ne l'écoute plus.

Celui qui me donne le plus d'inquiétudes, c'est M. de Richelieu ! Dans l'origine, je ne devais travailler qu'avec le roi ; à présent, il faut que je soumette mon travail à M. le maréchal, qui, peu à peu, j'en suis sûr, finira par s'emparer totalement de ma place, et la fera ériger en grande charge de la couronne... C'est son intention.

LE DUC, impatienté.

Assez ! assez ! ce n'est pas de cela qu'il s'agit ! Savez-vous comment il se fait que demain le roi doit aller déjeuner à Maisons, chez la marquise de Castellane?

LEBEL.

Oui, monseigneur ; et cela me paraît juste. Comme la marquise a soupé hier chez Sa Majesté, et y soupe encore ce soir...

LE DUC.

Que me dis-tu là? Et tu ne me l'avais pas appris?

LEBEL.

C'est justement pour cela, monseigneur, que je venais vous adresser mes réclamations ! c'est sans m'en parler, sans que j'en fusse instruit, que, dans une partie de chasse chez le prince de Soubise, la marquise a été présentée !

LE DUC.

Le prince de Soubise !...

LEBEL.

Oui, monseigneur; il est l'amant de madame de Castellane.

LE DUC.

Lui qui vit publiquement avec mademoiselle Guimard ?

LEBEL.

Pour la forme! parce qu'il croit de sa dignité d'avoir à ses gages une demoiselle de l'Opéra ; mais la vérité, vous pouvez m'en croire, moi qui m'y connais, c'est qu'il est amoureux fou de la marquise.

LE DUC.

Et il la présente au roi?

LEBEL, à demi-voix.

Raison de plus pour s'élever avec elle, régner sous son nom, et renverser quelqu'un que vous connaissez.

LE DUC.

J'entends !

LEBEL.

Oui, monseigneur, le prince de Soubise veut prendre votre place... comme il a déjà pris la mienne... il ne respecte rien !

LE DUC.

Je crains peu ses efforts, mais je crains la faiblesse du roi.

LEBEL.

Heureusement qu'il vous aime !

LE DUC, baissant la voix.

Il n'aime personne ! pas même ses maîtresses, il ne cède, en leur obéissant, qu'à l'empire de l'habitude qui peut tout sur lui : il fait aujourd'hui ce qu'il a fait hier : voilà pourquoi ces deux entrevues avec madame de Castellane commencent à m'inquiéter.

LEBEL.

Peut-être y en a-t-il d'autres que j'ignore.

LE DUC, à part.

C'est probable : l'assurance de la marquise me le ferait croire ; il y avait du Pompadour dans sa démarche et dans son geste. (Haut.) Lebel, il n'y a pas de temps à perdre, il faut arrêter cette liaison !

LEBEL.

Et par quel moyen, monseigneur? D'ordinaire, avant d'aimer quelqu'un, le roi me demande mon avis, et je lui dis en honnête homme ce que j'en pense ; mais dans cette occasion il ne m'en parle pas... ne me consulte pas... ce qui prouverait déjà qu'il a fait un mauvais choix... (A demi-voix.) Il y a plus... vous savez bien, dans la chapelle, cette tribune réservée aux maîtresses en titre de Sa Majesté, et qui n'a pas été occupée depuis la mort de madame d'Étiolles ?

LE DUC.

Hé bien !...

LEBEL.

Hé bien ! sans m'en prévenir, le roi a donné l'ordre de la faire disposer pour après-demain dimanche ! Est-elle destinée à la marquise ? c'est ce que j'ignore.

**LE DUC**, se promenant vivement et avec agitation.

Oui... oui, plus de doutes, ses menaces me le prouvent... —Maîtresse en titre... maîtresse déclarée. —Et c'est après-demain ! il me reste à peine deux jours pour conjurer l'orage. — Deux jours ! Cela a suffi souvent pour changer la face d'un empire... mais pour renverser une maîtresse... et une maîtresse nouvelle dont un roi est amoureux ?... —N'importe. —Il faut le tenter. — A qui m'adresser ?... à mes amis !... (Il s'arrête et réfléchit.) Peut-être déjà sont-ils les siens ?— D'ailleurs, ils ne sauraient que ce que je sais. — Ce n'est pas à eux que la marquise irait se confier. — Non, c'est dans son parti même qu'il faut trouver les moyens de la perdre. — (Haut.) Lebel !

**LEBEL**, qui pendant ce temps s'est tenu à l'écart.

Monseigneur ?...

**LE DUC.**

Soupçonnes-tu quelles sont les confidentes de madame de Castellane ? ses amies intimes... pour le moment ?

**LEBEL.**

Il y avait avec elle, à ce dernier souper, madame de Marsan...

**LE DUC.**

Parente du prince de Soubise. — Rien à faire de ce côté !

**LEBEL.**

Madame de Flavacourt.

**LE DUC.**

Peu ambitieuse... mais tendre à l'excès... On n'en obtiendrait rien qu'en lui faisant la cour... et je n'en ai pas le temps.

**LEBEL.**

Et madame la maréchale de Mirepoix.

**LE DUC.**

La maréchale !... c'est juste ! ce devait être ! Voilà la preuve la plus certaine de la prochaine élévation de la marquise ! Madame de Mirepoix a été de toute éternité l'amie des amies de notre royal maître. C'est une place de confiance qui semble avoir été créée pour elle et qu'elle remplit à merveille ! De l'habitude... de l'audace... de l'esprit, et une tête !... où il n'y a pas un préjugé... je dirais presque... pas un principe ! — Du reste, mon ennemie mortelle. C'est par là qu'il faut attaquer... Oui, allons chez elle. (Appelant.) Holà ! quelqu'un ! (Chompré paraît.) Mes chevaux... ma voiture... une voiture sans armes, et que George ne mette pas de livrée... Adieu, Lebel ; soyez tranquille : nous réussirons ! Mais ne parlez à personne de notre entretien de ce matin... Vous n'avez rien vu, rien entendu !

**LEBEL.**

Monseigneur sait bien que par état je n'ai jamais d'yeux ni d'oreilles !

**LE DUC.**

C'est juste !— Mon épée, mon chapeau. (Regardant le bureau.) Ce travail commencé, qu'il fallait terminer aujourd'hui... ce projet si utile, qui peut-être maintenant n'aura jamais de suite... (Jetant le papier qu'il tenait, et marchant à grands pas.) Est-ce ma faute, après tout, si, au lieu de m'occuper de l'État, je suis obligé m'occuper de moi ? On me déclare la guerre... je me défends !... Allons... allons, faisons aujourd'hui nos affaires... et demain... si je suis encore en place, si on ne m'attaque plus, je songerai à celles de la France !

(Il sort.)

**LEBEL.**

Oui... demain... Par malheur, on est attaqué tous les jours... et demain n'arrive jamais.

(Il sort.)

## SCÈNE VI.

(L'hôtel de Mirepoix. — Le boudoir de la maréchale.)

### LE DUC, LA MARÉCHALE.

**LA MARÉCHALE**, d'un air très-digne et très-froid.

J'étais loin de m'attendre, monsieur le duc, à une pareille visite, et je ne puis m'en expliquer encore le but ni le motif.

**LE DUC.**

Aucun de vos gens ne m'a vu entrer, j'ai laissé ma voiture dans l'autre rue : daignez, pour un instant, madame la maréchale, faire défendre votre porte.

**LA MARÉCHALE**, sans se lever, et ouvrant la porte du boudoir près de laquelle elle est placée.

Moi, monseigneur, je m'en garderais bien ! J'attends du monde ce matin, et je ne veux même pas qu'on puisse me soupçonner capable...

**LE DUC.**

D'une entrevue particulière avec un ministre du roi ?

**LA MARÉCHALE.**

Oui monsieur...

**LE DUC**, souriant d'un air railleur.

Il me semble qu'autrefois votre auguste époux n'était pas si jaloux... Est-ce que depuis votre veuvage...

**LA MARÉCHALE**, avec fierté.

Vous oubliez, monsieur, que vous êtes chez moi, et que je dois être étonnée de vous y voir, après vos procédés affreux, après votre indigne conduite, lorsque depuis trois ans, en un mot, nous sommes brouillés à mort !

**LE DUC.**

C'est justement pour cela que je venais. Ne trouvez-vous pas, madame, que trois ans... c'est bien long ? trois ans de haine !... pour s'être aimés aussi peu de temps ? Il n'y a pas de proportion... Il n'y a pas de justice.

**LA MARÉCHALE**, avec indignation.

S'il y en avait une... monsieur...

**LE DUC**, froidement.

Il y en a, madame, demandez plutôt à M. de Maupeou, votre ami... Son père en vendait, et lui aussi.

**LA MARÉCHALE.**

S'il ne dépendait que de lui et de moi, monsieur, vous seriez traité comme vous le méritez. — Mais cela arrivera, grâce au ciel ! — Car je suis plus franche que vous ; je le dis hautement, j'ai juré de vous perdre.

**LE DUC.**

C'est vrai !... mais le sais par bonheur que vous ne tenez pas tous vos sermens... Ce n'est pas un reproche que je vous fais... loin de moi l'idée de vouloir vous offenser en rien, et j'espère bientôt vous le prouver. (Avec chaleur.) Oui, madame la maréchale, je vous le jure.

**LA MARÉCHALE.**

Pensez-vous, monsieur le duc, que j'ajouterai foi à vos discours ?

**LE DUC.**

Non, madame, j'ai trop bonne idée de vous pour cela.— Vous savez comme moi que, dans le temps et dans le lieu où nous vivons, il ne faut juger les gens que sur leurs actions, sur leurs démarches ?... Eh bien !... il me semble que la mienne aujourd'hui ne vous annonce que des intentions conciliatrices... C'est moi qui fais le premier pas... c'est moi qui viens vous trouver.

### LA MARÉCHALE, ironiquement.

Pour m'offrir la paix, peut-être.

### LE DUC, la regardant en riant.

Non, vous n'en voudriez pas... ni moi non plus. — Mais, parce que l'on n'est pas en paix, est-on obligé de vivre en guerre? N'y a-t-il pas, entre parties belligérantes, des trêves, des armistices, qui n'empêchent pas de se haïr?... Au contraire... car je n'entends pas, madame la maréchale, gêner en rien vos sentimens; m'en préserve le ciel! Et c'est pour les maintenir dans toute leur intégrité, pour conserver le *statu quo*, que je venais vous proposer...

### LA MARÉCHALE.

Quoi donc?...

### LE DUC.

Un terme moyen qui ne change presque rien à notre position réciproque, et nous laisse tous les deux sur la défensive; comme qui dirait, en un mot, une neutralité armée.

### LA MARÉCHALE, fermant la porte du boudoir et se rapprochant du duc.

Qu'est-ce que cela signifie?

### LE DUC, se jetant sur le canapé.

A la bonne heure! j'étais bien sûr qu'entre gens d'esprit... il y aurait moyen de s'entendre. (Après un instant de silence.) Vous êtes liée avec madame de Castellane?

### LA MARÉCHALE.

Liée! vous appelez cela une liaison! Je suis son amie intime, monsieur, son amie à la vie et à la mort, et j'ai pour elle autant d'attachement...

### LE DUC.

Qu'elle en a pour Sa Majesté!

### LA MARÉCHALE.

Qu'est-ce à dire?

### LE DUC.

Que je vois dans cette occasion, en effet, une grande preuve de votre amitié pour elle... Il est bien généreux de vous contenter du second rôle, quand il ne tiendrait qu'à vous d'aspirer au premier...

### LA MARÉCHALE, souriant.

Je comprends, monsieur le duc. Tenez, soyez franc... si toutefois cela est possible à un homme d'État : les bruits qui se répandent dans ce moment vous ont troublé... Vous désirez savoir qui de madame de Castellane ou de moi a fixé les regards de Sa Majesté, nous inquiéter l'une par l'autre, nous désunir et pénétrer nos secrets... Mais vous l'espérez en vain, car malgré votre esprit, votre finesse, votre éloquence... je vous préviens d'avance, monsieur le duc, que vous n'obtiendrez pas un mot de moi, et que vous ne saurez rien.

### LE DUC.

Je n'en ai pas besoin. — Je sais tout. (La regardant bien en face et parlant lentement.) Madame de Castellane a eu plusieurs entrevues avec le roi. Elle a soupé hier chez lui, et ce soir encore elle aura cet honneur. — Dimanche prochain... après-demain... (elle en a la promesse formelle de Sa Majesté) elle doit être maîtresse déclarée et en titre...

### LA MARÉCHALE, étonnée.

Cela n'est pas... je l'atteste.

### LE DUC, de même.

Cela est si vrai qu'on a fait préparer pour elle, dans la chapelle de Versailles, la tribune occupée autrefois par madame de Pompadour.

### LA MARÉCHALE, vivement.

Monsieur, qui a pu vous apprendre?...

### LE DUC, froidement.

Est-ce que je ne sais pas tout... même ce qui vous regarde personnellement, vous, madame la maréchale? Je ne vous parlerai pas du chevalier de Blançay, car nous autres hommes d'État, lorsque nous sommes disgraciés, peu importe qui nous succède et qui jouit de la faveur dont nous sommes privés.

### LA MARÉCHALE, troublée.

Monsieur...

### LE DUC.

Mais pour vous prouver jusqu'à quel point mes rapports sont exacts, je puis vous parler du moins de ces diamans que vous avez engagés hier en secret pour une somme de trente mille francs...

### LA MARÉCHALE.

O ciel!

### LE DUC, vivement et d'une manière affectueuse.

C'est entre nous, dans l'intimité. Je vous dirai même à ce sujet que vos nouveaux amis me semblent peu obligeans, et qu'il en est d'anciens qui auraient été trop heureux de vous rendre ce service sans aucun intérêt personnel; car je vous ai prouvé, madame, que je connaissais tous vos secrets et toute votre position, que je n'avais besoin d'aucuns renseignemens, et que, loin de vous brouiller avec madame de Castellane... je verrais avec plaisir resserrer encore les nœuds d'une si sainte amitié!

### LA MARÉCHALE.

Quoi! vous ne voulez pas me détacher de son parti?

### LE DUC.

En aucune façon.

### LA MARÉCHALE, d'un air triomphant.

J'entends... Vous voulez vous y réunir... vous venez à nous!

### LE DUC.

Non, madame. On ne m'a vu jusqu'à présent suivre la char d'aucune favorite. Ce serait perdre mon crédit; ma popularité, et bientôt le pouvoir... car aujourd'hui votre allié, je serais demain votre esclave. — Ce que je demande, madame, ne regarde que vous... vous seule. — C'est une affaire entre nous, dans votre intérêt, plus encore que dans le mien... car cela ne vous oblige à rien qu'à être du parti vainqueur, s'il y en a un.

### LA MARÉCHALE.

Expliquez-vous, monsieur... (Elle sonne avec force. — Paraît une femme de chambre.) Henriette, faites défendre ma porte. Je n'y suis pour personne... (Appuyant sur ce mot.) personne, entendez-vous?

### HENRIETTE, sortant.

Oui, madame.

### LA MARÉCHALE, s'asseyant sur le canapé auprès du duc, et se retournant vers lui de l'air le plus aimable.

Parlez, monsieur le duc, je vous écoute!

### LE DUC, se penchant vers elle avec un air de confiance et d'abandon.

Vous entendez bien, ma belle ennemie, que je n'ai pas la prétention d'empêcher Sa Majesté d'avoir des maîtresses; la place de favorite est comme celle de ministre... elle ne saurait longtemps rester vacante, vu la concurrence!... Il m'importe donc fort peu que madame de Castellane ou tout autre soit nommée à ce ministère (qu'elle remplira du reste à merveille); mais ce qui m'importe beaucoup, c'est de connaître le degré d'affection que le roi porte à la nouvelle favorite, de pouvoir apprécier, par le détail de leurs relations intimes, les conséquences et la durée probable d'un pareil attachement. Si autrefois, témoin invisible, j'avais pu seulement contempler Sa Majesté dix minutes aux pieds de madame de Pompadour, il ne m'en aurait pas fallu davantage pour deviner quelle aurait été, la semaine suivante, la marche du gouvernement. Eh bien ! madame, c'est ce service-là que j'attends de notre nouvelle alliance.

**LA MARÉCHALE.**

Que voulez-vous dire ?

**LE DUC.**

Que ce soir, madame de Castellane doit souper avec Sa Majesté, et probablement il sera trop tard pour qu'elle ne ne reste pas au château... Eh bien ! ce que je demande de vous, sa confidente et son amie intime, ce sont les détails de cette soirée, détails exacts, véritables ; et la vérité est une chose si précieuse, que je ne croirai pas trop la payer par un bon de cent mille écus sur le trésor.

**LA MARÉCHALE, avec inquiétude.**

Comment ! monsieur le duc, vous voulez de moi un récit... par écrit ?

**LE DUC.**

Nullement. A quoi bon vous donner cette peine ?... De vive voix et à moi seul... cela suffit. Je ne veux rien qui puisse vous exposer ou vous compromettre... J'espère que c'est là de la loyauté.

**LA MARÉCHALE, avec joie.**

J'en conviens...

**LE DUC.**

Vous voyez donc bien, comme je vous le disais tout à l'heure, que ma proposition ne contrarie ni vos alliances ni vos amitiés, et ne vous oblige à rien... pas même à m'aimer !...

**LA MARÉCHALE, se récriant.**

Ah ! monsieur le duc !

**LE DUC.**

Oui, madame ; permis à vous, si vous le jugez convenable, de me haïr... en public, car en vous-même, je le parie, vous me rendez justice, vous revenez de vos préventions !...

**LA MARÉCHALE.**

Ah ! vous ne croyez pas si bien dire... malgré moi, je vous aime au fond.

**LE DUC, lui baisant la main.**

J'en étais sûr ! Adieu, ma charmante ennemie. Demain je vous attendrai, vous et les documens historiques que vous me promettez.

**LA MARÉCHALE, riant.**

Comment ! ces détails-là aussi seront un jour de l'histoire ?

**LE DUC.**

Pourquoi pas ? Tout aussi bien que notre entrevue d'aujourd'hui, si parmi nous il y avait un indiscret.

(Rentre Henriette avec un air effrayé et mystérieux.)

**HENRIETTE.**

Madame, une voiture entre dans la cour ; c'est celle du prince de Soubise ; madame de Castellane est avec lui.

**LE DUC, à part.**

Celle-là c'est différent ! et quoiqu'il ne soit pas bien de fuir devant l'ennemi... (Haut et voulant sortir par le salon.) Je vous laisse...

**LA MARÉCHALE, le retenant.**

Point par là ! vous les rencontreriez !

**LE DUC.**

Vous avez raison. (Regardant du côté opposé.) Il me semble qu'il y avait là autrefois un escalier dérobé !

**LA MARÉCHALE.**

Il y est toujours. C'est le même.

**LE DUC.**

Non. Il est bien changé ! je le prenais jadis pour arriver, je le prends aujourd'hui pour m'en aller.—L'ancien temps valait mieux.

**LA MARÉCHALE, le regardant tendrement.**

Croyez-vous ? — Adieu, mon cher duc !

**LE DUC, lui baisant la main.**

Adieu, Hortense !

(Il descend par l'escalier dérobé.)

## SCÈNE VII.

(Le lendemain au soir. — La chambre à coucher du roi.)

LE ROI, seul, dans un fauteuil au coin du feu.

Oui... je serai le maître chez moi !... Je ferai ce que veut la marquise ! Je n'en ai pas parlé ce soir à Mesdames, parce qu'au seul mot de favorite en titre, de maîtresse présentée... Chiffe et Graille (1) auraient jeté les hauts cris. Mais demain je leur apprendrai... ou plutôt je leur ferai dire... Oui, cela vaut mieux ! Mais par qui ?... Ah ! par l'évêque de Senlis, par monsieur de Roquelaure, qui, pour avoir la feuille des bénéfices, se ferait Turc au besoin... Ou plutôt par monsieur de La Vauguyon, le gouverneur de mes petits-fils, qui s'en chargera volontiers. C'est un homme à moi, un saint homme, qui a meilleure réputation ; et, venant de lui, cette nouvelle-là sera mieux reçue par mes enfans. (S'échauffant et se donnant du courage.) D'ailleurs, que cela leur plaise ou non, à eux, à la cour et à Messieurs du parlement... que m'importent leurs criailleries ! Je parlerai en roi... je parlerai bien haut... c'est le moyen de couvrir leurs voix à tous !... — Mon frère de Prusse est bien heureux... tout le monde lui obéit dans son royaume... ou du moins tout le monde se tait... Il n'est pas comme nous inondé d'un tas d'écrivassiers, de rimailleurs, de pamphlétaires, qui, si on les laisse faire, finiront par se mêler de tout et par tout renverser !... A commencer par leur chef, que j'ai relégué à Ferney, et que j'aurais dû mettre à la Bastille, lui et toute sa séquelle littéraire... Ce sont eux qui m'ont fait perdre l'affection de mes sujets... car ils m'aimaient autrefois... ils m'appelaient le bien-aimé... Il me souvient encore des jours de Fontenoi... et des journées de Metz... Ils me pleuraient, ils s'inquiétaient alors quand j'étais malade... et maintenant... (Il tousse plusieurs fois et appelle.) Lebel !... (Lebel paraît.) Donne-moi mes tablettes pectorales.

**LEBEL, les lui donnant.**

Votre Majesté est souffrante ?

**LE ROI.**

Oui, j'ai de la fièvre... j'ai passé une mauvaise nuit... aussi celle-ci, je l'espère... je reposerai mieux... (Il regarde la pendule.) Ah ! voici une journée qui a été bien longue... elles le sont toutes maintenant ! Au nombre des charges royales, ils ne comptent pas l'ennui... et cependant, de tous les revenus de la couronne, c'est le plus assuré... (Il bâille, s'étend dans son fauteuil, croise les jambes, et reste un instant absorbé dans ses réflexions.) Dis-moi, Lebel...

(1) Mesdames Adélaïde et Sophie, filles du roi.

LEBEL, s'avançant.

Sire !...

LE ROI, sans le regarder, et avec un soupir.

Pourquoi les Français ne m'aiment-ils plus ?

LEBEL, étonné.

Votre Majesté y pense-t-elle ! Partout on la respecte, on la révère... et depuis votre aïeul Henri IV, aucun souverain n'a été plus adoré par la grande majorité de la nation.

LE ROI, après un instant de réflexion.

Oui... je le crois aussi... car moi, je les aime comme un père... je les aime tous, excepté mes parlemens, que je voudrais faire pendre... car ce sont eux qui soufflent l'esprit d'opposition... qui apprennent à mes sujets à ne pas m'obéir ; et une fois qu'on en aura pris l'habitude... Ces maudites robes noires me porteront malheur... ils achèveront ce que les jésuites ont commencé ; il y aura quelque Damien parmi eux...

LEBEL.

Ah ! sire, quelle idée !

LE ROI.

Je les renverrai... ainsi que tous ces fermiers généraux qui pressurent mes sujets et qui me rapportent si peu... Il faut les chasser.

LEBEL.

Ce sont eux cependant qui soutiennent l'État.

LE ROI.

Oui, comme la corde soutient le pendu. — Voilà pourquoi on murmure ! Et pourtant qu'ont-ils à dire ?... Tout ce que j'ai entrepris a réussi... car la guerre de Sept-Ans, je ne la voulais pas !... c'est madame de Pompadour !!! Du reste, tout va bien... Le commerce a repris, à ce que dit monsieur de Praslin... la population augmente...

LEBEL.

C'est vrai... et j'ose dire que je n'y ai pas nui.

LE ROI, riant.

Toi, Lebel ! à la bonne heure au moins, toi tu ne te plains jamais ; tu es toujours content... Voltaire a eu raison de t'appeler l'*ami du prince*.

LEBEL, avec satisfaction.

Monsieur de Voltaire aurait parlé de moi ?

LE ROI, riant.

Indirectement, dans un ouvrage que tu ne connais pas... qui m'a amusé... (Sérieusement.) et que j'ai fait défendre... parce que les mœurs avant tout... (Il tousse plusieurs fois et reprend ses tablettes.) J'ai la poitrine en feu.

LEBEL.

C'est une toux d'irritation... ce ne sera rien, sire.

LE ROI, vivement et d'un air fâché.

Ce ne sera rien, monsieur, ce ne sera rien !... On en meurt !... Louis XII en est mort ! (Tristement et après un instant de réflexion ) Lebel, si j'en mourais aussi !...

LEBEL.

Ah ! sire... pouvez-vous le croire ?

LE ROI, à part.

Quelle imprudence à moi ! je me sens bien mal !... Il faudra demain que je cause avec l'évêque de Tarbes... Je n'ai rien fait pour lui... mais je lui rends justice... c'est le seul honnête homme de mon clergé... en qui j'ai confiance... (Haut, avec attendrissement.) Quand je ne serai plus, Lebel, ils me regretteront... car je suis un bon maître...

LEBEL.

A qui le dites-vous, sire ?

LE ROI.

Oui... je sais que tu m'aimes, toi, et une autre personne... qui m'a quitté ce matin... Aussi je la défendrai... je la protégerai... je ferai pour elle ce que je lui ai promis, et je confondrai par là ses ennemis et les miens.

(La porte s'ouvre, paraît le duc.)

LE ROI.

Laisse-nous... Lebel... laisse-nous...

LEBEL.

Oui, sire.

(Il sort en faisant au duc un signe d'intelligence.)

## SCÈNE VIII.

### LE ROI, LE DUC.

LE ROI.

Venez, mon cher duc ; vous arrivez à propos... votre présence m'est nécessaire... je suis retombé ce soir dans ma mélancolie habituelle... j'ai les idées les plus sombres...

LE DUC, d'un air triste.

Je crains alors que les miennes n'égaient point Votre Majesté, car j'ai la mort dans le cœur.

LE ROI.

Eh, mon Dieu ! mon ami ! qu'est-ce donc ? quelles nouvelles ?... Monsieur de Prusse ferait-il encore des siennes ?... tant mieux, nous ne le craignons pas, et je ne demande, au contraire, qu'une bonne occasion, car j'ai sur le cœur ses dernières épigrammes contre moi et toute ma cour...

LE DUC.

Non, sire... grâce au ciel... tout va bien ; je comptais vous soumettre ce soir plusieurs affaires qui importent au bien du royaume... mais je n'en ai pas le courage... les intérêts de Votre Majesté avant tout...

LE ROI, vivement.

Vous avez raison. — Qu'y a-t-il ?

LE DUC.

Il y a, sire, que je suis indigné de l'audace des pamphlétaires. — Non contens de distribuer dans le royaume et à l'étranger les libelles les plus infâmes...

LE ROI.

C'est ce que je me disais tout à l'heure... mais c'est vous qui soutenez toujours les gens de lettres, et qui par votre protection leur donnez une importance qu'ils ne méritent point. Où est la nécessité que ces messieurs impriment ?

LE DUC.

Quand on les en empêcherait, on a inventé à présent à l'usage de la cour un nouveau système de diffamation... celui des nouvelles à la main. Et on en a fait courir depuis ce matin, dans Versailles, qui contiennent les calomnies les plus atroces et les plus absurdes contre votre auguste personne.

LE ROI.

Qu'est-ce que c'est ?... Les avez-vous là ?

LE DUC.

Oui, sire : je ne voulais point d'abord en parler à Votre Majesté... persuadé que dans tout cela il n'y a pas un mot de vrai ; mais depuis j'ai changé d'idée... car il faut bien chercher à connaître d'où viennent de pareilles horreurs...

**LE ROI.**

Vous avez raison ; souvent la haine se trahit elle-même par un mot, par le plus léger indice, et nous devinerons peut-être... Lisez, monsieur le duc, lisez, je vous écoute. Quel en est le titre ?

**LE DUC.**

« *La dernière nuit du roi, bulletin officiel écrit par une* » *dame de Versailles à une amie de province.* »

**LE ROI.**

Le titre est piquant ; voyons la suite.

**LE DUC, lisant.**

« J'arrivai hier à neuf heures du soir à la porte du sa-
» lon jaune: ce fut Lebel qui vint m'ouvrir respectueuse-
» ment et en se courbant jusqu'à terre ; mais rien qu'à la
» salutation, il m'a semblé que nous n'étions pas bien en-
» semble. On dit qu'il en faisait trois pour madame de
» Pompadour... »

**LE ROI.**

C'est vrai !...

**LE DUC, continuant.**

« Il m'a conduite près de Sa Majesté, qui s'est levée pour
» venir à moi, et m'a fait asseoir sur l'ottomane bleu de
» ciel à côté de la cheminée. »

**LE ROI, avec surprise.**

C'est vrai !...

**LE DUC, continuant.**

« L'entretien a commencé par de grands épanchemens
» de sensibilité, car vous savez que le roi est une espèce
» d'égoïste sentimental qui croit aimer tout le monde, ses
» sujets et sa famille, et qui n'aime que lui... »

**LE DUC, voyant un mouvement de colère que fait le roi, s'arrête
en ce moment.**

Je vous ai dit, sire, que c'était un libelle infâme, et il n'est pas nécessaire, je crois, d'aller plus loin.

**LE ROI.**

Si vraiment... il y a là-dedans des détails qui piquent ma curiosité... j'ignore comment on a pu les connaître. (D'un air sévère.) Je vous ordonne de ne rien passer.

**LE DUC, continuant.**

« Du reste, le roi est le seigneur le plus aimable et le
» plus spirituel... (La physionomie du roi s'éclaircit.) quand il
» est de bonne humeur et en bonne santé ; et il m'a semblé
» d'abord qu'il se portait à merveille. Aussi, en attendant
» le souper, la a été d'une gaîté charmante. Nous avons ri
» ensemble aux éclats aux dépens des parlemens et de leur
» éloquence, aux dépens de monsieur de Saint-Florentin,
» qui est si fripon et si bête qu'il semble le faire exprès ;
» comme je disais que dans sa carrière il avait joué de
» malheur, « Dites plutôt de bonheur, » a repris le roi,
« de n'avoir pas encore été pendu ! »

**LE ROI.**

C'est vrai ! j'ai dit cela hier soir.

**LE DUC, continuant.**

« A propos de monsieur de Sartines et de son luxe de
» perruques, car on dit qu'il en a quarante, rangées par
» ordre, dans une seule chambre, le roi a dit que, s'il était
» dans cette pièce-là, il se croirait au milieu de son con-
» seil d'État ; que monsieur de Maupeou était un brouillon,
» monsieur de Jarente un mauvais sujet, monsieur le duc
« un important... »

**LE ROI, vivement.**

Je n'ai pas dit cela, mon ami, je ne l'ai pas dit.

LE SIÈCLE. — XI.

**LE DUC, froidement.**

Peu importe, sire ; ce n'est pas de moi qu'il s'agit. (Continuant.) « Le roi était de si bonne humeur, que, toujours en
» riant, je lui ai demandé pour le marquis d'Aubuisson,
» mon parent, un régiment de cavalerie. — Je l'ai promis
» ce matin au duc, pour monsieur de Faverolles, son pro-
» tégé, m'a-t-il répondu ; et si je lui manque de parole, ce
» seront des pourparlers, des discussions, des réclama-
» tions!... et, pour arranger cette affaire, je réponds qu'il
» faudra que je tienne un lit de juste.—Et moi je réponds
» que personne n'entrera dans le mien si je n'obtiens pas
» ce régiment.—Vous l'aurez, s'est-on écrié ; je vous l'ac-
» corde : il est à vous. Et, tombant à mes genoux, de pro-
» tecteur qu'il était, le roi est devenu solliciteur. Le moyen
» de refuser une grâce à qui vient de nous en accorder
» une !... Aussi, transporté de joie, le roi voulait balbutier
» un remercîment ; mais, soit le trouble, l'émotion ou
» l'excès même de la reconnaissance... les mots ne lui ve-
» naient pas... les expressions lui manquaient. Sa Majesté
» était fort embarrassée... moins que moi, cependant,
» quand, par bonheur, on a annoncé le souper. » (Le roi
pousse un soupir d'indignation et de souvenir.—Le duc s'arrête.)
Qu'avez-vous, sire ?

**LE ROI.**

Rien, continuez.

**LE DUC, continuant.**

« Le souper fut assez gai ; mais il régnait encore sur la
» physionomie de mon auguste convive un léger nuage,
» que j'ai eu beaucoup de peine à dissiper. Après le re-
» pas, le roi a voulu reprendre la conversation interrom-
» pue ; mais il paraît que s'être moqué de l'éloquence
» des parlemens avait porté malheur à la sienne ; et,
» trompé encore une fois dans ses royales intentions... il a
» pris dans un bonheur du jour une boîte de pastilles de
» chocolat. »

**LE ROI, qui jusque là a modéré sa colère, arrache le papier des
mains du duc.**

Assez!... assez!... (Achevant de lire tout bas.) C'est bien cela!... quelle infamie!... quel abus de confiance !

**LE DUC.**

Eh bien ! sire, qu'en dites-vous ?

**LE ROI, à voix basse, avec une fureur concentrée.**

Mon cher duc, il n'y a pas un seul des faits consignés dans cet exécrable libelle qui ne soit de la plus exacte vérité. (Les larmes aux yeux.) Oui, mon ami, je suis vieux... ce n'est pas ma faute.—Tous ces détails viennent de la marqui-se de Castellane. Il n'y a qu'elle ou moi qui ayons pu les donner. — Et vous ne croiriez pas, mon cher duc, que de-main je devais la présenter à la cour, à ma famille !... lui donner, en un mot, la place d'une personne qui m'aimait tant ! et que je ne remplacerai jamais ! Pauvre marquise de Pompadour !! Ce n'est pas elle qui aurait divulgué de pareils secrets, qui aurait abusé de la faiblesse de son souve-rain!... Mais j'aurai du moins la force de leur apprendre qu'on ne se joue pas de moi impunément .. et je punirai de manière !...

**LE DUC.**

Non, sire, vous éviterez l'éclat ! vous éloignerez de vous la perfide, vous l'oublierez, et elle sera assez punie !

**LE ROI.**

Vous avez raison : il ne faut pas ébruiter cette affaire... mettez-vous là... et écrivez !...

(Il dicte.) « La marquise de Castellane partira demain au
» point du jour pour sa terre de Saintonge, et d'ici à deux
» ans ne reparaîtra pas à Versailles !
» Pour le roi, le secrétaire d'État au département,
» etc., etc. »

39

LE DUC.

Apprendrai-je aussi à la marquise que Votre Majesté, qui récompense chacun selon ses mérites, vient d'accorder le régiment vacant à monsieur de Faverolles, un vieux et fidèle serviteur ?

LE ROI.

Ah ! celui-là est fidèle ?

LE DUC.

Oui, sire, je vous l'atteste.

LE ROI.

Et il est vieux? (Soupirant.) C'est bien... c'est bien... il est nommé.

LE DUC, écrivant avec un air de triomphe et de malice.

« P.-S. Je suis désolé d'apprendre à madame de Cas-
» tellane que le régiment qu'elle sollicitait pour le mar-
» quis d'Aubuisson, son jeune cousin, vient décidément d'ê-
» tre accordé par Sa Majesté, et sur ma présentation, (Ap;
» puyant sur chaque mot) à monsieur de Faverolles, cheva-
» lier de Saint-Louis, lieutenant-colonel, qui depuis quinze
» ans attend de l'avancement. »

LE ROI.

C'est bien !

LE DUC, à part.

Ce n'est pas sans peine ! (Haut.) Puisque Votre Majesté paie aujourd'hui le zèle et la fidélité, il est encore une autre récompense que je lui proposerai pour la veuve d'un de ses meilleurs officiers, du maréchal de Mirepoix !

LE ROI.

Comment ! la maréchale...

LE DUC.

Est tellement gênée, qu'elle a été obligée avant-hier de mettre ses diamans en gage. Et après les services que son mari a rendus à l'État, j'ai pensé qu'un bon de cent mille écus...

LE ROI, vivement.

Sur ma cassette ?,.. non pas !

LE DUC.

Non, sire, sur le trésor.

LE ROI.

C'est différent ! Oui, oui, mon cher duc, il ne faut pas être ingrat ! il faut payer les services rendus. — Un roi est heureux quand il voit tout par lui-même, quand il sait distinguer la vérité, et surtout quand sous son règne (Signant le bon de la maréchale.) les fonds de l'État sont si bien employés.

FIN D'UN MINISTRE SOUS LOUIS XV.

# LE JEUNE DOCTEUR

## OU LE MOYEN DE PARVENIR.

———————◦◦◦◦———————

### SCÈNE PREMIÈRE.

(Le cabinet du premier médecin de Paris.)

LE DOCTEUR, que Guillaume, son valet de chambre, achève d'habiller. ERNEST, près d'une table et travaillant.

**LE DOCTEUR, à son valet de chambre.**

Ma montre ! ma tabatière ! Pas celle-là.

**GUILLAUME.**

Celle de l'empereur Alexandre ?

**LE DOCTEUR.**

Non, celle d'Autriche. Je vais déjeuner chez monsieur d'Appony, à l'ambassade. Ma liste de visites.

**GUILLAUME.**

Il y en a beaucoup pour aujourd'hui.

**LE DOCTEUR.**

Peu m'importe, je n'en ferai que la moitié, tantôt, après déjeuner.

**GUILLAUME.**

Et les malades qui vous attendent ce matin ?

**LE DOCTEUR.**

Je les verrai ce soir... Il n'y a pas de mal à ce qu'un médecin soit en retard. C'est en me faisant attendre que j'ai fait ma fortune. On se disait : « Voilà un jeune homme bien occupé, un jeune homme de mérite : il n'a pas le temps d'être exact ; et chaque quart d'heure de retard me valait un client. » Aussi tu sens bien que maintenant...

**GUILLAUME.**

Ça augmente en proportion.

**LE DOCTEUR.**

Sans doute : on tient à sa réputation. Demande mes chevaux, ma voiture, et n'oublie pas d'y porter ma chancelière ; car il y a, grâce au ciel, beaucoup de rhumes cette année. — Ernest, que faites-vous là ?

**ERNEST.**

Je travaille, monsieur, j'étudie.

**LE DOCTEUR, à part.**

Est-il bête ! voilà trois ans qu'il a le nez fourré dans les livres, et ne sort de mon cabinet que pour aller à mon hospice voir mes malades. S'il croit que c'est ainsi qu'on fait son chemin... (Haut.) Et qu'est-ce que vous étudiez là ?

**ERNEST.**

Je cherche l'origine et la cause de ces maladies inflammatoires si communes à présent, et qu'on pourrait, il me semble, aisément prévenir.

**LE DOCTEUR.**

Les prévenir ! une jolie idée ! Ce sont les seules- à la mode ! Je vous demande alors ce qui nous resterait à guérir ? Apprenez, mon cher ami, qu'il n'y a pas déjà trop de maladies ; et si vous vous avisez de nous en ôter... Mais voilà, vous autres jeunes fanatiques de la science, où vous mène la rage des investigations et des découvertes! (Se parlant à lui-même.) En vérité, si on les laisse faire, ils deviendront plus savans que nous. Il est vrai que celui-là, qui est mon élève, ne travaille que pour moi, et je puis sans danger... (Haut.) Allons, allons, étudiez. Je vais déjeuner ; s'il vient des cliens, vous les recevrez.

**ERNEST.**

Et vos lettres ?

(Il les lui donne.)

**LE DOCTEUR.**

Bah ! des malades qui s'impatientent ! Demain nous verrons !

**ERNEST.**

Et s'ils meurent aujourd'hui ?

**LE DOCTEUR, avec impatience.**

S'ils meurent ! s'ils meurent ! Faut-il pour cela que je me tue ? c'était bon autrefois... (Ouvrant des lettres.) Le général Desvalliers, un officier retraité, une demi-solde ? joli client !—Un peintre ?... un artiste ? un employé ?... tout peuple, tout cinquième étage. — Je n'ai pas le temps d'aller si haut.

ERNEST.

J'irai, moi, monsieur, si vous voulez.

LE DOCTEUR.

A la bonne heure. — Monsieur le bailli de Ferrette, l'envoyé de Bade ? L'ordre de Bade est le seul qui me manque : une couleur qui tranche et qui fait bien à la boutonnière, D'ailleurs, c'est moins connu et moins commun que les autres... J'irai. (Ouvrant d'autres lettres.) Un banquier prussien ? — Un anglais millionnaire ? — Vous avez raison, il faut voir ce que c'est. (En ouvrant une autre.) Ah ! mon Dieu ! l'envoyé de don Miguel qui a fait une chute ! quel malheur ! J'y passerai. Pourvu que je ne sois pas prévenu par quelque confrère !

ERNEST.

Eh ! mon Dieu ! quel amour pour l'étranger ?

LE DOCTEUR.

En médecine, il n'y a pas d'étranger ; je ne vois que de hommes, je ne vois partout que l'humanité.

ERNEST.

Si vous la voyez en Portugal, vous êtes bien habile!

LE DOCTEUR.

Ce sont des mots, et si don Miguel lui-même me faisait l'honneur de m'appeler, je le traiterais comme mon ami, comme mon frère.

ERNEST.

Et lui, pour vous payer de vos soins, vous traiterait peut-être... comme sa sœur.

LE DOCTEUR.

Ce sont des affaires de famille, cela ne nous regarde pas. (Ouvrant une autre lettre.) Ah ! mon Dieu ! la marquise de Nangis !... Moi qui dîne aujourd'hui chez elle !

ERNEST, avec émotion.

Madame de Nangis !...

LE DOCTEUR.

Son mari est député, un homme grave, profond, qui, à la Chambre, ne parle jamais, mais qui vote beaucoup, ce qui le rend très influent, très utile au pouvoir ; et il y a dans ce moment, à la maison du roi, une place de médecin qui est vacante, et qu'il pourrait me faire obtenir.

ERNEST.

Une place ! vous en avez tant !

LE DOCTEUR.

Raison de plus ? Ce sont des droits, cela prouve qu'on a du mérite, c'est du crédit. J'en ai déjà parlé à madame de Nangis, une femme charmante, qui est la vertu et la coquetterie même. Coquette et vertueuse ! avec cela on arrive à tout. Aussi a-t-elle dans le monde une puissance d'opinion... Elle seule aurait fait ma réputation si elle n'eût été déjà faite. C'est moi qui l'ai tirée dernièrement de cette maladie que vous avez soignée.

ERNEST, soupirant.

Oui, monsieur ; j'ai passé cinq jours et cinq nuits à l'hôtel.

LE DOCTEUR.

C'est vrai, je n'y pensais plus. Quoique parfaitement rétablie, et en apparence bien portante, elle souffre.

ERNEST.

O ciel !

LE DOCTEUR.

Et il y a trois jours que je lui ai promis un mot de consultation, que j'ai oublié net.

ERNEST.

Vous avez pu l'oublier !

LE DOCTEUR.

Sur le nombre, c'est facile ; mais, puisque mes chevaux ne sont pas encore mis, j'aurai le temps d'écrire ma consultation.

ERNEST.

Et qu'a-t-elle donc?

LE DOCTEUR, écrivant.

Rien d'alarmant! il y a en elle, au contraire, trop de sève, trop d'existence ! A son âge, à vingt-cinq ans, elle est, malgré sa coquetterie, d'une insensibilité, d'une froideur, même avec son mari, qui s'en est plaint souvent. C'est un tort. Aussi je veux l'effrayer et lui prescrire...

ERNEST.

Quoi donc?

LE DOCTEUR, écrivant toujours.

Un régime tout opposé, sous peine de perdre sa beauté, sa fraîcheur; menace terrible pour une jolie femme.... (Souriant.) Le marquis, je l'espère, m'en remerciera.

ERNEST.

Vraiment ?

LE DOCTEUR.

Lui, qui aspire à la pairie, et qui voudrait faire revivre après lui un son nom...

ERNEST, à part, avec dépit.

Qui est déjà mort de son vivant !

LE DOCTEUR, fermant la lettre et y mettant l'adresse.

Voilà qui est fini... Je m'en vais. — Vous n'oublierez pas ce matin de passer à mon hôpital.

ERNEST.

Quoi ! vous n'irez pas?

LE DOCTEUR.

Je ne peux pas tout faire. — Il faut que j'aille aujourd'hui même toucher mes appointemens de médecin en chef.

ERNEST.

C'est qu'il y aura peut-être des opérations importantes, et si je ne réussis pas...

LE DOCTEUR.

Tant pis pour vous! vous en aurez le blâme.

ERNEST.

Et si j'ai du succès, vous en aurez l'honneur.

LE DOCTEUR.

Qu'est-ce à dire...?

ERNEST.

Que j'ai besoin, monsieur, de vous parler une fois à cœur ouvert. Depuis trois ans, je me suis attaché à vous ; je n'ai épargné ni mon temps ni mes peines; mes travaux même vous ont été souvent utiles; et, loin de m'en savoir gré, loin de me protéger, de me produire, il semble que vous ayez pris à tâche de me tenir dans l'ombre.

LE DOCTEUR.

Ce n'est pas ma faute, c'est la vôtre, si vous n'avez rien de ce qu'il faut pour parvenir. Vous êtes trop jeune, trop timide; vous n'avez pas d'aplomb, vous vous effrayez d'un rien. Dans la dernière maladie de madame de Nangis, par exemple, quand j'ai ordonné cette saignée, votre main tremblait. J'ai vu le moment où vous faisiez un malheur ; et, quand j'ai prescrit cette ordonnance salutaire qui l'a sauvée, je vous ai vu pâlir, hésiter... Vous ne sauriez jamais de vous-même prendre un parti vigoureux et décisif.

**ERNEST.**

C'est ce qui vous trompe, monsieur; selon moi, cette ordonnance devait tuer la malade.

**LE DOCTEUR, d'un air railleur.**

Vraiment! qui vous l'a dit?

**ERNEST.**

L'événement même; car je n'en ai pas suivi un mot : j'ai fait tout le contraire, et la marquise existe encore.

**LE DOCTEUR, furieux.**

Monsieur, un pareil manque d'égards... un tel abus de confiance...

**ERNEST.**

Vous êtes le seul qui en soyez instruit : mais quand je me tais sur ce qui pourrait nuire à votre réputation, ne cachez pas au moins ce qui pourrait servir la mienne. Que la bonté soit chez vous égale au talent; et quand vous êtes arrivé, daignez tendre la main à ceux qui marchent derrière vous!

**LE DOCTEUR.**

Demain, monsieur, vous êtes libre, nous nous séparerons. (A Guillaume qui entre.) Hé bien! cette voiture?...

**GUILLAUME.**

Elle est prête.

**LE DOCTEUR, à Guillaume.**

C'est bien heureux! Vous porterez cette lettre à l'instant à l'hôtel de Nangis? Vous la remettrez à la marquise... à la marquise elle-même, entendez-vous? (A Ernest.) Adieu, monsieur. (A part.) Un jeune homme qui me doit tout!... que j'ai fait ce qu'il est!... quelle ingratitude!

## SCÈNE II.

ERNEST, seul, le regardant sortir.

Voilà le monde!... voilà ceux qui réussissent!... Et moi!... moi, comment parviendrai-je jamais? Orphelin, sans fortune, je n'ai point de protecteur, point d'ami; personne ne s'intéresse à moi; et, pour comble de malheur et d'extravagance, il faut encore que je sois amoureux... et de qui? d'une grande dame pour qui je donnerais ma vie et qui sait à peine que j'existe...(Se promenant à grands pas.) Je ne puis dire ce que j'éprouvais tout à l'heure, pendant qu'il écrivait cette lettre. — C'était du dépit, de la jalousie, de la rage... oui, de la rage!... et pourquoi? est-ce que cela m'importe? est-ce que cela me regarde? est-ce que je suis quelque chose au monde? Aussi quand je songe à mon abaissement et à ma misère, j'entre dans un accès de ressentiment contre tout le genre humain, j'ai besoin de me venger du malheur que j'éprouve. — Qui vient là? monsieur de Nangis... son mari! (Avec colère.) son mari! Vient-il me narguer avec son bonheur?

## SCÈNE III.

ERNEST, LE MARQUIS.

LE MARQUIS, d'un air préoccupé.

Bonjour, mon cher monsieur, bonjour! — Le docteur y est-il?

**ERNEST.**

Non, monsieur, il vient de sortir!

**LE MARQUIS, ayant l'air de réfléchir.**

Sorti? — Soit. — (Après un instant de silence.) Je voulais lui parler.—Mais depuis cette fièvre ataxique dans laquelle vous m'avez soigné, j'ai presque autant de confiance en vous qu'en lui.

**ERNEST, en s'inclinant.**

Monsieur le marquis!

**LE MARQUIS, mystérieusement.**

Vous sentez que c'est entre nous, et que je ne le dirais pas dans le monde, parce qu'on se moquerait de moi...

**ERNEST.**

Vous êtes bien bon!

**LE MARQUIS.**

Et puisque nous voilà seuls, il faut que je vous consulte longuement, en détail, et en reprenant de plus haut.

**ERNEST, lui avançant un fauteuil.**

Daignez donc vous asseoir.

(Ils s'asseyent tous les deux; le marquis se recueille un instant, puis se tourne vers Ernest.)

**LE MARQUIS, gravement et pesant chaque mot.**

J'ai de la fortune. — Deux cent mille livres de rentes ou à peu près, de la naissance, du crédit. — Membre de la chambre des députés, j'aurais pu arriver au Luxembourg lors de la dernière invasion...

**ERNEST, étonné.**

Quelle invasion?...

**LE MARQUIS.**

Celle des soixante-seize dans la chambre des pairs. Mais j'ai promesse pour la prochaine levée, ce que j'aime mieux, parce que, d'ici là, j'aurai le temps de prendre mes arrangemens, de réaliser ma fortune en portefeuille; car je ne veux garder en biens-fonds que vingt-neuf mille cinq cents livres de rentes.

**ERNEST.**

Et pourquoi?

**LE MARQUIS, avec finesse.**

Pour avoir droit à la dotation que nous nous sommes votée dernièrement, sans avoir l'air de savoir ce que nous faisions. (D'un air d'importance.) Mais, je le savais... moi!!

**ERNEST.**

Vraiment!

**LE MARQUIS, avec gravité.**

Oui, mon cher; nous ne sommes plus dans ces temps où les marquis étaient légers, étourdis, et réussissaient dans le monde en ruinant leur fortune ou leur santé! On a changé tout cela. Notre siècle est positif, il est grave, il est sérieux.—Pour parvenir, il faut une idée fixe, un but déterminé, une grande pensée, et j'en ai une à laquelle se rattachent toutes les actions de ma conduite politique ou privée. (Mystérieusement.) Je pense...

**ERNEST.**

Et à quoi?

**LE MARQUIS, gravement.**

A bien me porter! Lorsque l'on a tout ici-bas on n'a plus que cela à faire. (Avec aplomb.) Acquérir n'est rien, conserver est tout. Aussi dans le monde j'évite les attachemens ou les affections trop vives, de peur de troubler ma tranquillité; en politique je ne me prononce pas, de peur des commotions, et à la Chambre je ne parle jamais, de peur de me fatiguer la poitrine.

**ERNEST.**

C'est prudent. Et alors qu'y faites-vous?

LE MARQUIS.

Ce qu'il faut toujours faire dans les assemblées délibérantes. Je me tais.

ERNEST.

Cela doit vous coûter.

LE MARQUIS.

Du tout.— J'y suis fait.— J'ai été sénateur, et j'ai même gardé alors en portefeuille tous les discours que j'ai faits contre l'usurpateur ; mais je les ai publiés depuis !

ERNEST.

Et ceux que vous avez maintenant...

LE MARQUIS, en confidence et avec un air de profondeur.

Je les publierai plus tard, — parce que dans ce moment ils donneraient lieu à des réclamations, à des répliques ; cela influerait sur mon repos, sur ma santé, qui, dans ce moment, je l'avouerai, me donne des inquiétudes !...

ERNEST.

Que ressentez-vous ?

LE MARQUIS.

Je ne puis dire... mais il y a quelque chose... Je crains que la vie de l'homme d'Etat ne me vaille rien.

ERNEST.

Quand cela vous prend-il ?

LE MARQUIS.

A la suite de nos discussions, de nos travaux administratifs. Tenez, avant-hier soir nous raisonnions la dernière loi en comité secret.

ERNEST.

Où cela ?

LE MARQUIS.

A table... chez le ministre, et au moment du premier article...

ERNEST.

Que mangiez-vous alors ?

LE MARQUIS.

Du saumon à la Chambord.

ERNEST.

Et vous buviez ?...

LE MARQUIS.

Du vin du Rhin à chaque amendement.

ERNEST.

Combien y a-t-il eu d'amendemens ?

LE MARQUIS.

Huit ou dix, sans compter les sous-amendemens. (Gravement.) On a parlé pour, on a parlé contre ; la discussion a été tellement longue et approfondie, que la séance, qui avait commencé à sept heures, n'a été levée qu'à dix, et en entrant dans le salon je me suis senti des douleurs de tête, des pesanteurs, un malaise général...

ERNEST, à part.

Une indigestion administrative !...

LE MARQUIS.

Et le soir ce fut bien pis ; je trouvai, en rentrant chez moi, la marquise qui allait partir pour le bal, et qui était charmante.

ERNEST, troublé.

Ah ! mon Dieu !

LE MARQUIS.

Qu'avez-vous donc ? quel air d'effroi ?...

ERNEST, avec inquiétude.

Est-ce par hasard ?...

LE MARQUIS, froidement.

Jamais, mon ami, jamais, depuis mes travaux parlementaires. Quelquefois cependant... (Souriant.) car la marquise est fort jolie, plus encore qu'on ne le croit, (je vous dis cela à vous, parce qu'on dit tout à son médecin) ;—quelquefois, quoique homme d'Etat, au milieu de nos sous-amendemens, de nos projets,.. j'en ai eu d'autres que j'aurais voulu voir adopter... Mais, loin de donner suite à mes propositions, la marquise a toujours passé à l'ordre du jour.

ERNEST, avec joie.

Heureusement.

LA MARQUIS.

Et pourquoi donc ?

ERNEST, vivement.

Pourquoi ? vous me demandez pourquoi ?... Parce que, dans ce moment, dans les dispositions où vous êtes, ce serait courir à une perte certaine.

LE MARQUIS.

O ciel !

ERNEST.

Sur-le-champ !... à l'instant même ! Autant vaudrait pour vous une attaque d'apoplexie foudroyante. Je ne sais même si je ne l'aimerais pas mieux.

LE MARQUIS, effrayé.

Qu'est-ce que vous me dites-là ?

ERNEST, avec chaleur.

Aussi, je vous en prie en grâce, monsieur le marquis, je vous en supplie...

LE MARQUIS, lui prenant les mains.

Mon ami, mon cher ami, rassurez-vous, n'ayez pas peur ; je suis trop sensible à l'intérêt que vous me portez pour ne pas suivre vos avis... Diable ! il ne s'agit pas ici de plaisanterie.

ERNEST, à part.

Je respire.

LE MARQUIS, marchant vivement dans l'appartement.

Apoplexie foudroyante ! voilà ce que je craignais, et toutes les fois que j'ai eu envie de monter à la tribune, la crainte de m'animer m'a toujours arrêté à la première marche. — Hé bien ! c'est ce que je ferai chez moi... Je me tairai... ce ne sera pas difficile : la marquise n'y tient pas, et au lieu de lui faire des phrases, je lui voterai tout uniment le bonsoir.

ERNEST.

A la bonne heure.

LE MARQUIS.

Et, du reste, mon cher ami, quel régime à suivre ?

ERNEST.

De l'exercice, de la sobriété.

LE MARQUIS.

Que cela ?

ERNEST, à part.

Au fait, si je ne le droguais pas, il ne se croirait jamais guéri. (Haut.) Je vous donnerai des bols que je vais composer. Vous en prendrez deux par jour ; mais après les avoir pris, il faudra faire à pied ou à cheval le tour du bois de Boulogne.

LE MARQUIS,

Quand commencerons-nous?

ERNEST.

Aujourd'hui, si vous voulez : je vous porterai cette boîte tout à l'heure à votre hôtel.

LE MARQUIS.

Et moi, je vais faire seller mon cheval. — Adieu, mon cher Esculape. Ce n'est pas chez un vieux médecin que j'aurais trouvé ce zèle… cette chaleur… n'y a que la jeune médecine pour se mettre ainsi à la place des cliens… Adieu. Adieu !… Apoplexie foudroyante ! En vous remerciant bien ! Au revoir.

(Ils sortent tous les deux.)

## SCÈNE IV.

(Le boudoir de la marquise.)

LA MARQUISE, seule, sur un canapé, et tenant à la main une lettre qu'elle vient de lire.

Quelle folie ! quelle déraison ! à quoi cela ressemble-t-il ?… Je rougis encore d'y penser. En vérité, si cette consultation ne venait pas d'un médecin renommé, de quelqu'un, en un mot, qui doit s'y connaître… (Jetant la lettre.) C'est égal… je ne m'y conformerai jamais. C'est bien la peine d'être de la Faculté, pour prescrire de pareilles ordonnances ! J'en connais qui n'en sont pas et qui m'en auraient conseillé tout autant. Hier encore, à ce bal, ces adorateurs si empressés, si assidus… Tous ces docteurs-là sont sujets à caution : je n'en croirai aucun, pas même mon mari. (Reprenant la lettre, qu'elle relit avec attention.) Cependant, perdre sa jeunesse ! sa beauté ! sa fraîcheur ! (Avec un soupir.) Pour ce que j'en fais, cela devrait m'être égal… Hé bien ! non, cela ne me l'est pas ! Être sage quand on est jolie, c'est de l'héroïsme ! Quand on est laide, ce n'est plus que de la résignation ! Et puis mourir !… (Regardant la lettre.) C'est ce qui peut aller là… Mourir si jeune ! — On doit être affreuse quand on est morte !… — Mon Dieu ! comment faire ? Si je voyais, si j'interrogeais d'autres personnes ?… (Avec dépit.) C'est cela : une consultation, une assemblée de médecins à ce sujet, pour être demain dans la Gazette de santé, et recevoir sur mon indisposition les complimens de condoléance de tout Paris! (Après un moment de silence.) Il est bien quelqu'un en qui j'aurais confiance, et que je pourrais consulter ; un galant homme, qui a du talent, du mérite, qui dans ma dernière maladie m'a soignée avec tant de zèle et de dévouement!…Par malheur, il est trop jeune, ce pauvre garçon… cela fait du tort à un médecin. Je me rappelle cette nuit où tout le monde m'avait abandonnée, où j'étais si mal… il croyait que je sommeillais, et je l'ai vu à genoux près de mon lit, pleurer à chaudes larmes,.. Hé bien ! depuis ce moment, au lieu de lui savoir gré de cette preuve d'intérêt, j'ai évité de le faire venir, de le consulter ; et quoique je lui doive la vie, je n'ai même pas osé, dans le monde, parler de lui comme il le méritait… Mon Dieu que notre cœur est ingrat ! qu'il est injuste ! car enfin qui me dit que cela est ? Je n'en sais rien. Je puis me tromper. — D'ailleurs, est-ce sa faute ? N'importe, je ne lui montrerai pas cette lettre; ce sont de ces secrets que l'on ne peut confier qu'à un mari… Et c'est au mien que je m'adresserai. Après tout, je dois l'aimer… et je l'aime !… comme un mari qu'il est ! Mais moi qui l'éloignais toujours, comment faire à présent? C'est très difficile. Je ne peux pas, en conscience, lui présenter une pétition à ce sujet, ni lui dire je le veux… d'autant plus que ce n'est pas moi, c'est le docteur. Il en arrivera ce qu'il pourra : mon parti est pris, et bien décidément je ne veux pas mourir !

## SCÈNE V.

LA MARQUISE, LE MARQUIS.

LA MARQUISE, de l'air le plus aimable.

C'est vous, monsieur? Qui vous amène chez moi ?

LE MARQUIS.

Je n'ai pas été hier à la Chambre, et j'allais m'y rendre.

LA MARQUISE.

La séance sera-t-elle amusante? y aura-t-il quelque chose d'extraordinaire?

LE MARQUIS.

Oui, madame, je dois parler.

LA MARQUISE.

Et vous ne me disiez pas cela ! Mais voilà qui m'intéresse beaucoup.

LE MARQUIS,

Je voulais avant tout m'informer de vos nouvelles,

LA MARQUISE.

Je vous suis obligée, je vais mieux.

LE MARQUIS.

En effet, je vous trouve un teint charmant… (A part.) C'est singulier, jamais ma femme ne m'a semblé aussi jolie !… (Haut.) Alors, chère amie, je vous dis adieu,

LA MARQUISE.

Mais un instant, monsieur… êtes-vous donc si pressé ?…

LE MARQUIS.

Il est tard.

LA MARQUISE.

On n'est jamais exact ; et pour lire vos journaux ou pour causer dans la salle des conférences…

LE MARQUIS.

C'est qu'hier il y a eu à l'Opéra un nouveau ballet, la Belle au bois dormant, et je ne serais pas fâché de savoir l'avis de mes honorables collègues.

LA MARQUISE.

Comment ! à la Chambre on parle de l'Opéra ?

LE MARQUIS.

Très souvent. D'abord l'Opéra est dans le budget, et il faut, autant que possible, connaître les choses dont on parle…

LA MARQUISE.

Voilà pourquoi vous êtes un habitué de l'orchestre.

LE MARQUIS.

Oui, madame; chaque soir, à l'extrême droite, nous sommes là plusieurs honorables qui observons tout avec soin, et nous devons même proposer des réductions.

LA MARQUISE, souriant.

Dans les jupes des danseuses ?

LE MARQUIS.

Peut-être bien. — Ce serait une économie de gaze ou de mousseline. J'en parlerai à monsieur de Larochefoucauld.

**LA MARQUISE**, souriant.

Est-ce là, monsieur, le sujet de votre discours d'aujourd'hui ?

**LE MARQUIS**, gravement.

Non, madame, c'est une question de propriété particulière...

**LA MARQUISE.**

Mais asseyez-vous donc... pas sur ce fauteuil... vous êtes à une demi-lieue de moi... cela fatigue de parler de si loin.

**LE MARQUIS.**

Vous avez raison, un orateur doit ménager son organe... moi surtout, qui aurai besoin aujourd'hui de tous mes moyens !

**LA MARQUISE**, se reculant et lui faisant une place sur le canapé.

Hé bien ! monsieur, mettez-vous là, près de moi.

**LE MARQUIS.**

Je vous gênerai.

**LA MARQUISE**, prenant sa broderie.

Du tout... je vous écoute en travaillant.

**LE MARQUIS**, troublé et à part.

C'est comme un fait exprès, elle est encore plus aimable et plus séduisante qu'à l'ordinaire !

**LA MARQUISE**, avec amabilité.

Hé bien ! monsieur... vous disiez donc... (Levant les yeux.) Eh mais ! mon ami, vous ne me regardez pas ?... vous détournez la tête ! (Souriant.) Je devine...

**LE MARQUIS.**

Quoi donc ?...

**LA MARQUISE.**

Vous avez de la rancune... vous vous rappelez notre discussion d'hier pour ma loge aux Italiens.

**LE MARQUIS**, vivement.

Notre discussion !... (A part.) Me voilà sauvé ! (Haut et affectant de la colère.) Oui, madame, oui, c'est cela même... il a fallu céder... mais contre mon gré... car il est absurde qu'au mois de mai, et pour douze représentations, on renouvelle un abonnement aux Italiens... surtout pour entendre des chanteurs autrichiens ou bavarois qu'on n'entend pas !

**LA MARQUISE**, riant.

Vous conviendrez, mon ami, que c'est là une querelle d'Allemand...

**LE MARQUIS.**

Non, madame... c'est une dispute raisonnable... une dispute motivée... car j'ai des motifs.

**LA MARQUISE.**

Hé bien ! vous n'en aurez plus.

**LE MARQUIS.**

Qu'est-ce à dire ?

**LA MARQUISE.**

Qu'avant tout, monsieur, je désire vous être agréable ; cette loge était à votre intention ; je me disais : « Il viendra le soir se délasser de ses travaux du matin... Et puis un mandataire de la France doit chercher toutes les occasions de se montrer ; et un député aux premières loges... cela fait bien... on est en vue ; c'est presque une tribune où l'on n'est obligé à rien... qu'à écouter. » Mais dès que cela vous contrarie, je n'en veux plus, j'y renonce !

**LE MARQUIS**, cherchant encore à paraître fâché.

Non, madame, — non, — et puisque j'ai promis...

**LA MARQUISE**, tendrement.

Ce serait pure complaisance de votre part... et je ne veux rien par complaisance... je veux que cela vous plaise comme à moi... n'est-il pas vrai ?... Ainsi, mon ami, n'en parlons plus... (Lui tendant la main avec grâce.) donnez-moi la main, et que tout soit fini... (Plus tendrement.) N'y consentez-vous pas ?...

**LE MARQUIS**, troublé.

Moi, madame, moi ?... certainement. — Ce serait bien dans mes idées... si ce n'était...

**LA MARQUISE.**

Quoi donc ?

**LE MARQUIS**, de même.

Je veux dire... s'il dépendait de moi...

## SCÈNE VI.

**LES MÊMES, JULIE.**

**LE MARQUIS**, avec joie.

Voici Julie... votre femme de chambre. (A part.) Je lui dois la vie !.. Quel trésor qu'une bonne domestique, une domestique qui arrive à propos !

**LA MARQUISE.**

Qu'y a-t-il, Julie ?...

**JULIE.**

Madame, c'est votre couturière qui vous apporte votre nouvelle robe...

**LA MARQUISE**, avec impatience.

Dans un moment.

**LE MARQUIS.**

Non pas ; les affaires avant tout ! Une robe à essayer... c'est une affaire d'État. — Adieu, chère amie ; je vous laisse.

**LA MARQUISE**, d'un air de reproche.

Pourquoi donc ?

**LE MARQUIS.**

Et mon discours à prononcer ! — Sans cela, j'aurais été trop heureux de passer la matinée avec vous.

**JULIE.**

Ah ! mon Dieu ! monsieur, j'allais oublier... On sort d'ici ; monsieur le baron de... un nom qui finit en ac... celui qui va toujours à la Chambre... avec monsieur ..

**LE MARQUIS.**

Et qui vote avec moi .. Je sais qui c'est. Hé bien ?. .

**JULIE.**

Hé bien ! il a dit que, comme vous n'aviez pas assisté à la séance d'hier, il venait vous dire...

**LE MARQUIS.**

De ne pas manquer ce matin ? J'en étais sûr.

**JULIE.**

Non... qu'il n'y avait pas de réunion aujourd'hui.

**LE MARQUIS**, atterré.

Ah ! mon Dieu !... voilà un contre-temps !

**LA MARQUISE.**

Dont je me félicite, car j'avais à vous parler.

**LE MARQUIS**, avec inquiétude.

A moi ?...

**LA MARQUISE.**

Oui, à vous, cinq minutes d'entretien.

**LE MARQUIS**, embarrassé.

Je ne demanderais pas mieux, mais votre couturière qui attend.

**LA MARQUISE.**

Julie, faites-la entrer.

## SCÈNE VII.

**LES PRÉCÉDENS, I A COUTURIÈRE.**

**LA MARQUISE**, au marquis.

C'est l'affaire d'un instant, et si vous voulez permettre...

**LE MARQUIS.**

Madame, certainement... dès que cela vous est agréable.

**LA MARQUISE.**

Beaucoup. — Vous nous donnerez votre avis.

**LE MARQUIS.**

Vous savez bien que je n'en ai jamais...

**LA MARQUISE**, voyant le marquis qui s'asseoit.

Hé bien ! monsieur, vous voterez par assis et levé.. vous vous croirez à la Chambre. (A la couturière qui l'habille.) Quelle est cette étoffe-là, mademoiselle ?

**LA COUTURIÈRE.**

Ce qu'il y a de plus nouveau, madame, pour robe d'été : mousseline égyptienne.

**LA MARQUISE**, à son mari.

Qu'en dites-vous, monsieur ?

**LE MARQUIS**, d'un ton de regret.

Je dis, madame, je dis qu'il est impossible de voir un plus beau bras que le vôtre.

**LA MARQUISE.**

Vraiment !... on croirait que cela vous fâche.

**LE MARQUIS.**

Moi ?...

**LA MARQUISE.**

Oui... vous me le dites d'un air de mauvaise humeur... (A Julie.) Prenez donc garde, mademoiselle, vous me piquez... (Regardant la robe devant la glace.) La ceinture fait-elle bien ?

**LA COUTURIÈRE.**

A merveille !... Mais nous n'avons pas de mérite à réussir : madame a une si jolie taille ! (Au marquis.) N'est-ce pas, monsieur ? Regardez donc.

**LE MARQUIS**, à part.

Elle a peur que je ne m'en aperçoive pas.

**LA MARQUISE.**

Les manches ont assez d'ampleur... mais du haut, c'est trop décolleté.

**LA COUTURIÈRE.**

Non, madame, on les porte ainsi.

**LA MARQUISE**, à son mari.

Qu'en pensez-vous, mon ami ?

**LE MARQUIS.**

Je pense, madame... je pense que voilà une robe... qui doit vous coûter bien cher !

**LA MARQUISE.**

Vous voulez peut-être m'en faire cadeau...

**LE MARQUIS.**

Et pourquoi pas ?...

**LA MARQUISE.**

Vous êtes charmant... et puisqu'elle vous plaît, (A la couturière.) je ne l'ôterai pas, je la garderai toute la journée... pour me faire honneur de votre présent. (Aux deux femmes Laissez-nous.

(Julie et la couturière sortent.)

## SCÈNE VIII.

**LE MARQUIS, LA MARQUISE.**

**LA MARQUISE**, arrangeant encore sa robe devant la glace.

Maintenant, monsieur, je suis toute à vous, causons.

**LE MARQUIS**, à part et la regardant.

Dieu ! avec quel bonheur je lui dirais combien elle est belle, si ce n'était l'apoplexie foudroyante !

**LA MARQUISE.**

Qu'avez-vous ?

**LE MARQUIS.**

Rien !

**LA MARQUISE**, du ton le plus doux.

Si vraiment, et c'est là-dessus que je voulais m'expliquer franchement avec vous ! Vous avez quelque arrière-pensée ?

**LE MARQUIS.**

Non, madame.

**LA MARQUISE**, tendrement.

Bien vrai ! notre discussion d'hier ne vous a laissé aucun fâcheux souvenir ?

**LE MARQUIS.**

Je vous l'atteste.

**LA MARQUISE.**

Vous n'êtes plus fâché ? vous ne m'en voulez plus ?

**LE MARQUIS.**

Non, madame.

**LA MARQUISE.**

Vous ne dites pas cela d'un ton pénétré, d'un accent... qui parte du cœur.

**LE MARQUIS**, avec chaleur.

Quoi ! vous pourriez douter ?...

**LA MARQUISE.**

Nullement ; je ne demande qu'à vous croire, qu'à être persuadée. C'est vous qui ne le voulez pas !

**LE MARQUIS**, la regardant avec des yeux animés.

Moi, madame, je ne le veux pas ! Moi, qui vous admire ! moi, qui vous aime plus que ma vie ! (Se retenant.) Ah ! mon Dieu ! qu'est-ce que je dis là ?

40

LA MARQUISE.

Qu'est-ce donc ? d'où vient ce trouble ?... Vous rougissez.

LE MARQUIS, vivement.

Moi rougir !... (A part et se regardant dans la glace.) Dieu ! si c'était un commencement d'attaque ! (Se promenant vivement dans la chambre.) Je crois en effet que le sang me porte à la tête.

LA MARQUISE, le regardant avec étonnement.

Mais à qui en avez-vous donc ? à quoi pensez-vous ?

LE MARQUIS.

Vous me le demandez, madame, vous me le demandez !...

LA MARQUISE.

Eh oui ! sans doute.

LE MARQUIS.

A mon discours, qui malgré moi me préoccupe... et dont toutes les phrases me reviennent sans cesse à l'esprit ; car si vous saviez, madame, ce que c'est qu'un discours...

LA MARQUISE, avec humeur.

Eh ! monsieur, il ne s'agit pas ici de discours !

LE MARQUIS.

Tenez... voulez-vous me permettre de vous le lire ?...

LA MARQUISE, avec impatience.

Monsieur !...

LE MARQUIS.

C'est l'affaire d'une demi-heure ; et vous me donnerez votre avis... comme je vous ai donné le mien sur votre nouvelle robe !

LA MARQUISE.

Au nom du ciel !...

LE MARQUIS.

Je vous préviens que si vous m'interrompez, je m'en vais... oui, madame, je m'en irai... c'est plus prudent.

LA MARQUISE.

Non, monsieur, vous vous expliquerez, vous resterez.

LE MARQUIS.

Je ne le puis !...

LA MARQUISE.

Et moi, je le veux !

LE MARQUIS.

Je le veux ?... Madame, j'aurais pu céder, mais un mot comme celui-là me rend toute mon indépendance, parce que moi, qui fais des lois, je ne m'en laisserai pas imposer ; et vous devez toujours voir en moi le pouvoir législatif.

LA MARQUISE.

Législatif, à la bonne heure ! mais pour exécutif...

LE MARQUIS, avec colère.

Qu'est-ce à dire ?...

LA MARQUISE, de même.

Que vous ne savez rien faire, rien exécuter de ce qui est bien... de ce qui est convenable.

(Julie ouvrant la porte et annonçant M. le docteur Ernest.)

LE MARQUIS, à part.

Dieu soit loué ! (Allant à lui.) Venez donc, mon cher docteur ; vous arrivez à propos pour interrompre un tête à tête conjugal.

ERNEST, saluant la marquise.

Ma présence est peut-être indiscrète ?

LE MARQUIS.

Du tout... nous allions nous disputer.

ERNEST.

J'ai remis à votre valet de chambre, monsieur le marquis, ce que je vous avais promis.

LE MARQUIS.

A merveille ! et pour commencer, je vais faire le tour du bois de Boulogne.

LA MARQUISE.

Comment, monsieur !

LE MARQUIS.

C'est par ordonnance du médecin... demandez-le-lui, il vous le dira... Je reviendrai pour dîner... (A Ernest.) Et je vous dirai alors comment je me trouve de ma promenade, car vous êtes des nôtres, vous nous restez.

ERNEST.

Monsieur le marquis...

LE MARQUIS.

Vous acceptez... c'est convenu... D'ici là vous tiendrez compagnie à ma femme. Adieu, chère amie, adieu, docteur. Mille pardons de vous laisser ainsi, mais la santé avant tout.

(Il sort et referme la porte.)

SCÈNE IX.

(Le salon du marquis. — Il est six heures. — Presque tous les convives sont arrivés.)

ERNEST, debout près de la cheminée, cause avec la marquise. De l'autre côté, la COMTESSE et la BARONNE. Au fond du salon, plusieurs convives sont debout, formés en groupes ; d'autres causent en se promenant.

LA COMTESSE, montrant Ernest qui cause à voix basse avec la marquise.

Il est très bien, ce jeune docteur !

LA BARONNE.

Une tournure charmante, et beaucoup de talent, à ce qu'on dit !

LA COMTESSE.

Il paraît qu'ici on s'en loue beaucoup.

ERNEST, de l'autre côté de la cheminée, à la marquise.

Oui, madame, croyez-moi, il n'y a plus aucun danger.

LA MARQUISE.

Vous en êtes bien sûr ?

ERNEST, vivement.

Je vous l'atteste.

LA MARQUISE, baissant les yeux.

A la bonne heure ! C'est en vous désormais que je veux avoir confiance.

LA COMTESSE, haut à Ernest.

Et moi, monsieur, que pensez-vous de mes spasmes ?

ERNEST.

Rien à craindre, madame la comtesse : l'air de la campagne... du calme, du repos, pas de contrariétés...

### LA COMTESSE.

Et mon mari qui ne veut pas m'acheter la terre du Bourget !

### ERNEST, souriant.

Voilà la cause du mal.

### LA COMTESSE.

N'est-il pas vrai ? (A la baronne.) La marquise a raison ; c'est un jeune homme de mérite, et le médecin qui nous convient. Il doit traiter à merveille les maux de nerfs.

(Entre le docteur, la tête haute et sans regarder personne ; il fait à Ernest un signe de tête protecteur, et s'approche de la marquise, qu'il salue.)

### LE DOCTEUR, à la marquise.

Madame la marquise a-t-elle reçu de moi, ce matin, la petite consultation que je lui avais promise ?

### LA MARQUISE, rougissant.

Oui, monsieur !

### LE DOCTEUR, à demi-voix.

C'est tout à fait mon avis !

### ERNEST, tout haut.

Ce n'est pas le mien !

### LE DOCTEUR, stupéfait.

Comment ! ce n'est pas le vôtre !...

### LA MARQUISE, les interrompant.

Pas de discussions à ce sujet. (Au docteur.) Comme c'est moi que cela regarde, vous me permettrez de ne pas suivre l'ordonnance, et de m'en rapporter à monsieur Ernest.

### LA COMTESSE.

Sans savoir ce dont il s'agit, je suis de son opinion.

### LA BARONNE.

Et moi aussi...

### ERNEST, gaiement.

Me voilà sûr d'avoir raison !

### LE DOCTEUR, étonné et regardant Ernest.

Quel changement ! je n'en reviens pas... Il a pris depuis ce matin un aplomb et un air d'assurance !...

(Entre le marquis.)

### LE MARQUIS.

Mille pardons, mesdames, de vous avoir fait attendre... est-ce qu'il est tard ?

### LA MARQUISE.

Non : six heures et demie.

### LE MARQUIS.

Je reviens de Bagatelle... (A Ernest.) et je me trouve ad-

mirablement bien de ce que vous m'avez ordonné ; je me sens une force... d'appétit ! (Au docteur.) Vous avez là, docteur, un élève qui ira loin...

### LA BARONNE ET LA COMTESSE.

C'est ce que nous disions tout à l'heure !

### LA BARONNE, au docteur.

Ah ! monsieur est votre élève ?

### LE DOCTEUR, cachant son dépit.

Oui, madame, je m'en vante.

### LE MARQUIS.

Ce qui m'étonne, moi, c'est qu'il ne soit pas plus connu !

### LA MARQUISE.

Parce que vous ne le voulez pas. Il y a à la maison du roi une place de médecin...

### LE DOCTEUR, à demi-voix.

Celle dont je vous parlais...

### LA MARQUISE au docteur, d'un air distrait.

C'est vrai... c'est vous qui m'avez appris qu'elle était vacante. (A son mari.) Une place superbe !

### LE MARQUIS, vivement.

Je la demanderai, madame, je la demanderai. (Montrant Ernest.) Il est justement du département dont je suis député ; et, dès que cela vous intéresse...

### LA MARQUISE.

Beaucoup ! Vous ne pouvez rien faire qui me soit plus agréable.

### LE DOCTEUR, à part.

C'est fini ! le voilà lancé ! et à propos de quoi je vous le demande !

### UN DOMESTIQUE, annonçant.

Madame la marquise est servie !

### LA MARQUISE, à Ernest.

Allons, notre protégé, donnez-moi la main.

### LE MARQUIS, au docteur, pendant que tout le monde passe dans la salle à manger.

Savez-vous, docteur, que c'est glorieux pour vous ?...

### LE DOCTEUR.

Aider mes confrères, quels qu'ils soient, et surtout protéger la jeunesse, ce fut toujours mon seul but.

### LE MARQUIS.

Aussi ce jeune homme-là vous fera honneur dans le monde !

### LE DOCTEUR.

Et à vous aussi, monsieur le marquis.

FIN DU JEUNE DOCTEUR.

# LA CONVERSION

## OU A L'IMPOSSIBLE NUL N'EST TENU.

---

(La cellule de Fra-Ambrosio. — Au fond, son confessionnal. — Sur une table, un chapelet, des papiers, des livres de piété.)

**AMBROSIO.**

Je ne puis écrire, je ne puis m'occuper. Et mon sermon de demain !... je n'ai encore rien préparé. Pourtant je dois le prononcer devant Sa Sainteté, devant les cardinaux, devant tout ce que Rome a de plus distingué. Et ces femmes si brillantes d'attraits et de parure !... oh ! oui, c'est le dernier jour de la semaine sainte, elles y viendront toutes, avant d'aller au Corso. Allons, à quòi vais-je penser ? Chassons ces idées, travaillons. (Entre Girolamo.) Qui vient là ?

**GIROLAMO, d'un air béat.**

Votre fidèle valet, monseigneur, qui vient vous prévenir que la cérémonie est pour midi.

**AMBROSIO.**

Quelle cérémonie ?

**GIROLAMO, du même ton.**

Le mariage du marquis de Gondolfo, le gouverneur de Rome. Par saint Phanuce, mon patron, vous-vous oublié que c'était vous qui deviez lui donner la bénédiction nuptiale ? Faveur insigne pour le couvent des dominicains, ce qui nous fait assez de jaloux chez les révérends pères de Jésus.

**AMBROSIO, travaillant sans l'écouter.**

Quel bavardage !

**GIROLAMO.**

Je vais préparer votre étole et votre chasuble. Laquelle mettez-vous ? Celle en moire bleue, ou plutòt celle vert et or qu'on vous a envoyée ce matin avec deux caisses de confitures ?

**AMBROSIO.**

Envoyée ! Et qui donc ?

**GIROLAMO.**

On l'ignore : sans doute quelque grande dame de celles qui étaient hier dans l'église de la Piazza Sciarra à votre sermon. Quelle affluence ? quels beaux équipages ! On dit que le cardinal Fesch et toute la famille de Bonaparte y assistaient.

**AMBROSIO.**

C'est vrai, un auditoire de rois déchus.

**GIROLAMO.**

Et quel effet vous avez produit ! Toutes les femmes sont sorties les yeux rouges et le mouchoir à la main. Ce qui a surtout excité l'enthousiasme, c'est l'endroit où vous faisiez le tableau des saints devoirs du mariage et du bonheur conjugal.

**AMBROSIO.**

Et comment le sais-tu, toi qui étais resté à la porte ?

**GIROLAMO.**

Je l'ai entendu dire à la duchesse de Popoli, qui sortait avec le comte de Lucques.

**AMBROSIO, à part.**

Ah ! elle y était avec son amant ?

**GIROLAMO.**

J'ai eu l'honneur de leur offrir de l'eau bénite, et tous les deux s'écriaient que c'était un sermon admirable.

**AMBROSIO.**

Et surtout bien utile. C'est encourageant pour celui de demain.

**GIROLAMO.**

Voici aussi des lettres que je vous apporte.

**AMBROSIO.**

C'est bon ; je les lirai plus tard, je travaille.

**GIROLAMO.**

Toujours travailler, comme un homme de rien, comme un savant, vous qui êtes d'une des premières maisons des États romains ; une famille si noble et si nombreuse !

**AMBROSIO, avec amertume.**

Trop nombreuse, en effet, pour que nous puissions partager ! Aussi les titres, les dignités, la fortune, le droit même d'être heureux, tout a été pour mes frères aînés ; et moi, qui n'avais d'autre tort que d'être le dernier, je l'aurai expié bien chèrement peut-être !

**GIROLAMO, d'un ton patelin.**

Par les saints apôtres, vous n'avez pas à vous plaindre. Vous êtes en passe d'arriver à tout, évêque, cardinal, et, qui sait même ? les princes de l'Eglise sont bien vieux, et vous êtes bien jeune : et, honoré de tous comme vous l'êtes, monseigneur, distingué par vos talens, par une conduite irréprochable...

##### AMBROSIO.

Oui, jusqu'ici je me suis conduit en honnête homme, et Dieu, je l'espère, me fera la grâce de continuer. J'aimais... j'aime l'état auquel je me suis voué ; je n'en connais pas de plus beau, de plus respectable que de secourir le faible, de consoler l'affligé, et d'enseigner la vertu en en donnant l'exemple. Mais à côté de ces devoirs, que je respecte et que j'honore, pourquoi en est-il d'autres que Dieu n'a pas voulus, et que le caprice des hommes nous a seul imposés ?

##### GIROLAMO.

Que voulez-vous dire ?

##### AMBROSIO.

Rien. Laisse-moi. Quand ces idées-là se présentent à mon esprit, mon sang bouillonne, ma tête est en feu ; je n'entends plus rien. (Repoussant ses livres.) Suspendons ce travail... Donne-moi mes lettres.

(Girolamo lui présente plusieurs lettres, puis va et vient dans l'appartement en préparant ce qu'il faut pour la toilette de son maître.)

AMBROSIO, ouvrant la première.

Ah ! c'est d'Edouard Villougby, mon ami, mon camarade d'études. Je n'avais pas eu de ses nouvelles depuis qu'il était retourné en Angleterre, sa patrie :

(Lisant.)

« Mon cher Ambroise,

» Nous ne sommes point de ces gens chez qui la diffé- » rence d'opinion ou de croyance rend impossible l'amitié. » La religion catholique, où tu as été élevé, la religion » protestante, que je professe, se ressemblent en bien des » points, et celui d'aimer son prochain comme soi-même » m'a paru de tous leurs préceptes le plus facile à exécu- » ter, depuis le jour où je t'ai connu. » (S'interrompant.) Ce cher Edouard ! « Ainsi que toi, le plus jeune fils d'une nom- » breuse famille, et destiné, comme toi, à l'état ecclésias- » tique, j'ai reçu les ordres au mois de janvier dernier ; et » je me trouvais heureux dans mon petit presbytère, situé » à deux lieues d'Oxford, dans un endroit délicieux, lors- » qu'un autre événement est venu encore ajouter à ma » félicité. Le pasteur voisin, le meilleur et le plus ver- » tueux des hommes, a une famille charmante, à laquelle » il a consacré tous ses soins. Si tu savais quelle union, » quel bonheur règne dans ce ménage ! si tu voyais sur- » tout Emma, sa fille aînée, qui charme les jours de son » vieux père, et qui bientôt embellira les miens, car je l'ai » demandée en mariage, et le mois prochain elle sera à » moi, elle sera ma femme ! Conçois-tu mon bonheur ? » (S'arrêtant et froissant la lettre entre ses mains :) Oui, oui, je le conçois, moi à qui un pareil sort est interdit, moi qui vivrai et mourrai seul, sans qu'aucune main amie vienne fermer mes yeux. Il n'y avait qu'une personne qui autrefois m'aimait, une pauvre fille... Juliette, l'enfant de ma nourrice, ma sœur... Je l'ai mariée à un autre, elle a maintenant un mari, une famille ; et moi, jamais je ne dirai : Ma femme ! mon fils !... Ces mots-là me sont défendus ; la pensée même ne m'en est pas permise. Un concile l'a décidé ainsi. Un concile !!! ils se sont levés, ils ont été aux voix, et cinq ou six qui l'ont emporté nous ont condamnés à tout jamais à être malheureux ou coupables.

##### GIROLAMO, rentrant.

Monseigneur, vous n'entendez pas ? voici les cloches qui annoncent l'arrivée du cortège, et il faut vous préparer pour ce mariage.

##### AMBROSIO, à part.

Un mariage ! encore un mariage !... et c'est à moi de le bénir ! Ces biens dont ils nous ont deshérités, il nous obligent encore à les leur dispenser. (A Girolamo.) Allons, dépêche-toi. (Ouvrant une autre lettre.) Ah ! c'est du gouverneur, c'est du nouvel époux... Il me remercie, il épouse une jeune fille noble et riche, la belle Gaëtani. Je me la rappelle ! assidue à mes sermons, placée près de moi, attentive à mes moindres paroles, je voyais toujours ses yeux noirs fixés sur les miens. (Avec un soupir.) Ah ! que son mari est heureux ! elle est bien belle ! (Reprenant la lettre qu'il achève.) Que me demande-t-il ? que veut-il encore ? « Ma femme, qui tient en haute estime et votre sainteté et » vos vertus, me charge de vous faire passer un avis im- » portant. Vous avez de puissans ennemis : les révérends » pères Jésuites, qui, vous regardant comme un déserteur » de leur ordre, ne vous pardonneront jamais l'illustration » que vos talens et votre éloquence répandent sur l'ordre » des Dominicains ; ils ne négligeront aucune occasion de » vous perdre ou de vous nuire ; ils font épier toutes vos » démarches. » (S'arrêtant.) Tant mieux ! « Tenez-vous sur » vos gardes, et, en cas de danger, comptez sur nous en » tout temps. Mais, en échange de cet avis et de l'admira- » tion qu'elle a pour vous, ma femme réclame une grande » faveur, que jusqu'ici vous n'avez encore accordée à per- » sonne. » (S'arrêtant.) Et laquelle ? « Puisque c'est vous » qui aujourd'hui l'aurez mariée, daignez être désormais » à son guide spirituel et son directeur. Je joins mes prières » aux siennes, tant à cause de vos mérites qu'à cause de » l'honneur qui en rejaillira sur notre maison. » (S'arrê- tant et rêvant quelques instans.) Y pense-t-il ? Non, non, ja- mais ; j'ai juré d'être honnête homme, et ces yeux noirs m'en empêcheraient. Je ne m'y exposerai pas, je refu- serai.

(On entend de nouveau sonner les cloches.)

##### GIROLAMO, tout en l'habillant.

Voici l'étole et la chasuble. Entendez-vous tout ce bruit autour du couvent ? Les voitures encombrent la rue ; c'est toute la noblesse de Rome, et déjà aux portes deux ou trois mille mendians. La cérémonie sera magnifique.

##### AMBROSIO.

C'est bien. Est-on venu ce matin ?

##### GIROLAMO.

Ces étrangers que je soupçonne être des Anglais, des hérétiques, et qui crient toujours famine.

AMBROSIO, lui donnant de l'argent.

Tu leur donneras cela.

##### GIROLAMO.

Je leur ai demandé leur billet de confession, ils n'en ont pas.

##### AMBROSIO.

Qu'importe, s'ils ont faim ?

##### GIROLAMO.

Il est venu aussi le signor Zambardi, l'ouvrier en marbre.

##### AMBROSIO.

Ah ! le mari de Juliette.

##### GIROLAMO.

Il est sans ouvrage, et son fils aîné a la fièvre.

##### AMBROSIO, à part.

Pauvre Juliette ! j'évite de la voir, elle doit croire que je la néglige. (A Girolamo.) Écoute ; tu es un bon et fidèle serviteur en qui j'ai confiance ; ce soir tu passeras chez Zambardi.

##### GIROLAMO.

Y pensez-vous ? La fièvre est dans leur maison et dans le quartier.

##### AMBROSIO.

Tu as raison, il y a du danger, j'irai moi-même ; c'est mon devoir. Adieu. Mets tout cela en ordre, je reviens dans l'instant.

(Il sort.)

**GIROLAMO, s'inclinant.**

Oui, monseigneur ; Votre Excellence, Votre Grâce peut compter sur moi, sur mon zèle... (Regardant par la porte de l'escalier.) Il est descendu, je ne l'entends plus. (Se relevant.) Cela va bien, et, grâce au ciel, je n'ai pas grand'peine à gagner les deux cents écus que me donne le père Barnabé, qui, par l'âme du Christ ! est un digne et respectable religieux ; car enfin je ne suis plus à son service, et il me paie pour être au service d'un autre, et il ne me demande pour cela que de lui dire ce que fait mon nouveau maître, et les personnes qu'il voit, et les endroits où il va. Ça n'est pas difficile, et ça ne fait tort à personne. Cependant, comme je songe à mon salut avant tout, je m'en suis fait un cas de conscience, j'ai eu des scrupules, je me disais : Il me semble que de deux maîtres il faudrait être fidèle à l'un ou à l'autre. J'ai consulté là-dessus le père Fortis, un autre Jésuite, qui m'a prouvé que je pouvais être fidèle à tous les deux, pourvu que je les servisse avec la même honnêteté, ce que je fais. J'ai doublé de zèle en raison de mes doubles appointemens ; ce qui est, je crois, d'un honnête homme. D'ailleurs, je suis porté de cœur pour l'un comme pour l'autre ; le père Barnabé a de si bonnes manières, et frère Ambrosio est un si saint personnage, un ange qui peut braver les investigations et les jugemens des hommes ! (Se mettant à genoux.) O mon Dieu ! vois d'un œil de miséricorde un misérable pécheur ; et si jamais, comme il y en a qui le disent, tu voulais me damner pour mes relations avec les bons pères Jésuites, si c'était ton intention, j'espère qu'avant de le faire tu y regarderais à deux fois, et que les services que j'ai rendus à monseigneur Ambroise entreront en ligne de compte et compensation auprès de ta justice éternelle, que j'implore au nom du Père, du Fils et du Saint-Esprit. Amen ! (Il reste quelque temps à genoux et continue de prier bas ; puis il écoute et se lève.) On monte l'escalier ; serait-ce déjà monseigneur qui revient ? Moi qui voulais jeter un coup d'œil sur ses papiers ; car je suis arriéré depuis avant-hier. Ce sera pour une autre fois ; c'est lui.

*(Entre Fra-Ambrosio d'un air agité et en désordre.)*

**AMBROSIO.**

Ils sont unis!... J'ai pu leur échapper, je suis sorti : me voilà seul, respirons. (Se jetant sur un fauteuil.) Qu'il m'a fallu de force pour me vaincre, pour cacher à tous les yeux les tourmens que j'éprouvais ! Elle était brillante de tant de charmes ! Comment sais-je cela ? Je ne voulais pas la regarder, et je n'ai rien perdu de sa parure. Je vois encore cette coiffure élégante, ces fleurs, ces diamans, ces voiles transparens qui la cachaient à peine ! et comment l'éviter ? comment oser même baisser les yeux ? Elle était là devant moi, à genoux. Malédiction sur elle et sur moi ! J'ai couru au pied de l'autel implorer Dieu, qui m'abandonnait ; je voulais feuilleter le livre saint et y trouver des prières, tout se brouillait sous mes yeux, je ne voyais rien que ses beaux bras et ses blanches épaules. Enfin, réunissant mes forces et mon courage, je suis revenu à elle ; ma voix tremblait en prononçant les paroles qui la livrent à un autre ; et quand j'ai senti sa main dans la mienne, et que cette main il a fallu l'unir à celle de son époux, la rage était dans mon cœur. Et lui, le cruel, sans égard, sans pitié pour moi, comme il la regardait avec amour ! quelle ardeur brillait dans ses yeux ! Et tous deux me remerciaient encore, me renouvelaient leur offre de ce matin, me suppliaient de ne pas les quitter, de regarder leur maison comme la mienne. Sans leur répondre, je me suis dérobé à leurs transports ; j'ai traversé la foule qui se prosternait devant moi et me demandait ma bénédiction. La bénédiction d'un coupable, d'un maudit ! (Levant les yeux et apercevant Girolamo devant lui.) Que me veux-tu ? Que fais-tu là ?

**GIROLAMO.**

J'observais l'agitation où je vous vois, et qui m'inquiète. Seriez-vous malade ?

**AMBROSIO, montrant son cœur.**

Oui ; le mal est là.

**GIROLAMO.**

Est-ce que cela vous prend souvent ?

**AMBROSIO.**

Chaque jour, à chaque instant. Ces tourmens-là ne finiront qu'avec moi, et je n'ai pas vingt-cinq ans.

**GIROLAMO.**

Du courage, mon doux maître ; et puisque vous souffrez, je vais renvoyer vos pénitentes ; car il y a là beaucoup de monde qui attend pour la confession.

**AMBROSIO.**

Ils attendent, dis-tu ? fais les entrer.

**GIROLAMO.**

Il y a le père Philippe et le père Bartholomée qui pourront les entendre.

**AMBROSIO.**

Je dois les aider ; c'est mon devoir.

**GIROLAMO.**

Et vos souffrances ?

**AMBROSIO.**

Raison de plus ; le sentiment du devoir console et soutient, j'en ai besoin.

**GIROLAMO.**

Il y a de grands seigneurs, de grandes dames et des gens du peuple.

**AMBROSIO.**

Commençons par ceux-ci. (Montrant le confessionnal.) C'est là surtout que les derniers doivent être les premiers. (Il se met dans le confessionnal ; Girolamo va ouvrir la porte à droite ; entre Loretta couverte d'un voile. Elle s'approche du confessionnal, s'agenouille et commence sa prière. Girolamo est sorti.)

**AMBROSIO, caché dans le confessionnal.**

Dites votre *Confiteor.*

**LORETTA.**

*Confiteor Deo omnipotenti, beatæ Mariæ semper virgini, beato Michaeli archangelo, beato Joanni-Baptista, sanctis apostolis Petro et Paulo, omnibus sanctis, et tibi, pater, quia peccavi.*

**AMBROSIO.**

De quoi vous accusez-vous, ma fille ?

**LORETTA.**

Je m'accuse d'un grand péché dont je viens vous demander l'absolution.

**AMBROSIO.**

Je vous écoute.

**LORETTA.**

Vous n'êtes pas le père Augustin, celui qui m'entend d'ordinaire ?

**AMBROSIO.**

Non, ma fille ; il est malade.

**LORETTA.**

Alors peu importe. J'ai dix-sept ans, et tant de gens m'ont dit que j'étais jolie, que j'ai fini par le croire. Mais je n'en suis pas plus fière pour ça, et j'ai toujours rempli exactement mes dévotions, tant à la sainte Vierge qu'à Notre-Dame de Lorette, ma patronne, dont j'ai la statue dans mon oratoire.

**AMBROSIO.**

C'est bien ; après.

**LORETTA.**

Avec tout ça, et à l'aide de mon état de couturière, le seul que j'aie appris, je serais morte de faim l'année dernière, moi et mes quatre frères et sœurs, dont je suis l'unique soutien, lorsqu'un seigneur anglais, qui passait à Rome, me fit la cour.

**AMBROSIO.**

J'entends ; vous l'aimâtes.

**LORETTA.**

Non, mon père.

**AMBROSIO.**

C'est bien. Vous avez repoussé ses vœux.

**LORETTA.**

Non, mon père. C'est-à-dire, ce n'est pas moi ; c'est ma tante, qui est loueuse de chaises à l'église Saint-Pierre, et qui m'a dit que je me devais à ma famille. Sans cela, et pour rien au monde...

**AMBROSIO.**

Malheureuse enfant ! vous avez pu écouter ses perfides conseils ! et voilà ce crime qui pesait sur votre conscience ?

**LORETTA.**

Non, mon père. Je m'en suis déjà accusée l'année dernière, et j'en ai eu l'absolution du cardinal-vicaire, qui après le départ du seigneur anglais, avait daigné se charger de moi et de mon salut. Il m'avait donné un hôtel, un équipage ; et quand le pape officiait à la chapelle Sixtine, j'avais toujours une tribune réservée, et je serais encore dans la bonne voie, sans un jeune Français qui n'avait rien, car il était exilé. Je lui ai tout donné ; et il m'a quittée pour une autre. Il m'a fait bien de la peine ! Aussi, de tous ceux qui m'ont aimée depuis, c'est le seul que je n'aie pas oublié. Mais toutes ces fautes-là m'ont été pardonnées à Noël dernier, et j'ai communié depuis.

**AMBROSIO.**

Alors que me voulez-vous ? Qui vous amène ?

**LORETTA.**

Un péché que j'ai commis avant-hier bien malgré moi, et qui depuis deux nuits m'empêche de dormir. C'était, comme je vous l'ai dit, avant-hier, jeudi saint ; j'avais chez moi à souper deux jeunes peintres ; ces artistes, ça ne respecte rien ; ils ont bu du vin de leur pays, du vin de Champagne ; ils riaient, ils chantaient des chansons d'un nommé Béranger, que j'ai retenues tout de suite, et que je vous chanterais si j'osais.

Lisette, ma Lisette,
Tu m'as trompé toujours.

**AMBROSIO, l'interrompant.**

Ce n'est pas la peine.

**LORETTA.**

Et au milieu de leurs chansons, de leurs éclats de rire, je ne sais comment cela s'est fait, on ne se défie de rien quand on rit, j'ai mangé, sans y prendre garde, une aile de poulet qu'ils avaient mise sur mon assiette.

**AMBROSIO.**

Comment ?

**LORETTA, pleurant.**

Je ne m'en suis aperçu qu'après. O mon ange ! O Notre-Dame de Lorette, ma patronne ! de la viande un jeudi saint ! Toutes mes voisines m'ont dit que je ne pourrais pas faire mes pâques, et que je serais damnée. O mon père, ayez pitié de moi ; je ne veux pas être damnée. Je suis une bonne catholique, et, pour avoir l'absolution, je me soumettrai à ce que vous ordonnerez. Je dépenserai, s'il le faut, en cierges et en *ex-voto*, tout ce que je gagnerai dans l'année.

**AMBROSIO.**

Cela ne suffit pas.

**LORETTA.**

Le père Augustin n'est pas si sévère. Est-ce que ce n'est pas le seul moyen d'être agréable à Dieu ? Est-ce qu'il y en a d'autres ?

**AMBROSIO.**

Pauvre brebis égarée ! Je dois vous plaindre plutôt que vous blâmer ; car vous ne me comprendriez pas. Est-ce que la situation à laquelle vous êtes condamnée ne vous rend pas malheureuse ?

**LORETTA.**

Non, mon père ; j'y ai toujours été.

**AMBROSIO.**

Et vous n'avez pas de remords ?

**LORETTA.**

Jamais. Pourquoi en aurais-je ? Toutes les grandes dames de Rome font comme moi ; et comme moi, elles n'ont pas deux frères et deux sœurs à nourrir. Ils sont si gentils, et ils m'aiment tant ! Matin et soir, je leur fais dire leurs prières, et je leur apprends déjà leur cathéchisme. Venez les voir, mon père.

**AMBROSIO.**

Moi ! Y pensez-vous ?

**LORETTA.**

Pourquoi non ! Je vois aussi des gens comme il faut, des gens de bien, des prélats.

**AMBROSIO.**

Qu'entends-je ! ô ciel ! et comment l'osent-ils ? Comment peuvent-ils, sans se compromettre...

**LORETTA.**

Ah ! rien n'est plus facile. Je demeure près du Ponte-Rotto, non loin de la maison de Rienzi, et à côté des ruines du temple de Vesta.

**AMBROSIO.**

Cela se trouve bien.

**LORETTA.**

A merveille ! parce que ma maison est adossée juste à l'église de Saint-Barthélemi ; et dans le temps, le cardinal-vicaire dont je vous ai parlé avait fait faire une porte de communication ; de sorte qu'on entre par l'église, et puis, près de la sacristie, à côté du bénitier, une petite porte... c'est là mienne ; on frappe trois coups : personne ne vous voit ; et ce qu'il y avait surtout de commode pour le cardinal, c'est qu'en sortant il pouvait faire sa prière. Aussi il n'y manquait jamais ; et c'est de lui, mon père, que je tiens les sentimens religieux qui ne m'ont jamais quittée et qui font qu'aujourd'hui je suis si désolée et si malheureuse du péché pour lequel vous me refusez l'absolution.

**AMBROSIO.**

Cela dépendra de vous. Passez cette soirée seule et en prières, et revenez demain.

**LORETTA.**

Avant la grand'messe ?

**AMBROSIO.**

Oui, ma fille.

**LORETTA.**

Et alors je pourrai communier. Ah ! que je suis heureuse ! Combien d'ici là faudra-t-il dire de *Pater* et d'*Ave* ?

**AMBROSIO.**

Trente.

**LORETTA.**

J'en dirai le double.

**AMBROSIO.**

Achevez votre *Confiteor*.

**LORETTA, se frappant le sein.**

*Meâ culpâ, meâ culpâ, meâ maximâ culpâ. Ideò precor*

*beatam Mariam semper virginem, beatum Michaelem archan-*
*gelum, beatum Joannem-Baptistam, sanctos apostolos Pe-*
*trum et Paulum, omnes sanctos, et te, pater, orare pro me*
*ad Dominum Deum nostrum. Misereatur ostri, omnipotens*
*Deus, et, dimissis peccatis nostris, perducat nos ad vitam*
*æternam, Amen,*
(Loretta fait le signe de la croix, baisse son voile, se lève
et sort.)

AMBROSIO, seul et rêvant.

Jamais je n'avais rien entendu de pareil. Quoi ! des prê-
tres ! des prélats ! des princes de l'Église ?... (Se levant et
marchant.) Pourquoi donc alors défendez-vous par vos
écrits et vos discours ces lois absurdes et injustes dont je
me plains ? Pourquoi les approuvez-vous hautement ? C'est
donc pour les violer plus sûrement en secret, pour chercher tous les moyens de les éluder, de vous y soustraire ?
N'est-ce pas attester par là même qu'elles sont impossibles
à remplir, et que les lois de la nature sont plus fortes que
les vôtres? Pourquoi donc les avez-vous faites, ou pourquoi
tardez-vous à les abolir,? Un ménage heureux, une femme,
des enfans, sont-ils donc des crimes si grands que, pour y
échapper, il faille préférer le désordre et le vice ? C'est là
leur sort cependant. Et moi qui fuis leur exemple, moi qui
suis fidèle à des lois que je déteste, pourquoi n'éprouvé-je
pas cette satisfaction intérieure qui accompagne toujours
l'accomplissement d'un sacrifice ou d'un devoir ? Ce contentement, je le cherche en vain, et ne le trouve ni dans
mon cœur, ni dans ma conscience, ni même dans le bonheur des autres. Que nous soyons humains, bienfaisans,
charitables, que la société exige de nous ces vertus, je le
conçois, elle y gagne quelque chose ; mais que gagne-t-elle
aux tourmens que j'endure? que lui en revient-il? quel
avantage pour elle? et moi que dévore une fièvre ardente,
moi qui passe sans repos et mes jours, et mes nuits, faudra-t-il donc combattre et brûler sans cesse ? Faudra-t-il,
pour glacer ce sang qui bouillonne dans mes veines, attendre le froid de la vieillesse ou celui de la tombe ? Non.
C'est souffrir trop longtemps; c'est être trop malheureux.
Dieu ne peut pas avoir condamné une créature humaine à
de pareils tourmens. J'irai trouver Juliette, qui m'aimait,
qui m'aime encore : je lui dirai : Prends pitié de moi...
(S'arrêtant.) Non, non... troubler la paix de son âme, le contentement d'elle-même ! Pauvre femme ! elle n'a que cela.
(Recommençant à se promener.) Le gouverneur est riche, il
est heureux ; lui et sa femme veulent absolument m'attirer
dans leur maison. (Souriant avec amertume.) Sa femme !...
dont la coquetterie et les regards depuis si longtemps me
poursuivent. Oui, je ne peux m'abuser, c'est pour triom-
pher de moi, c'est pour me voir à ses pieds qu'elle désire
si ardemment m'avoir pour directeur ; et je lui céderais ! et
je tromperais la confiance de son mari ! Non, non ; Juliette
et elle doivent m'être sacrées ; elles ne s'appartiennent plus.
Jamais je ne jetterai les yeux sur la femme d'un autre. C'est
là ce qui serait coupable. (Il s'arrête, et regarde la confessionnal.) Mais cette jeune fille, qui tout à l'heure... Elle n'appartient à personne, pas même à elle-même. (S'éloignant
avec horreur.) Ah ! quelle idée ! Comment a-t-elle pu me
venir ? Mon Dieu, chasse-la de ma tête et de mon cœur.
(Se jetant à genoux devant un tableau de la Vierge.) Sainte madone, vierge sainte, viens à mon aide, calme mes sens et
le délire qui m'agite. C'est toi seule que j'aime ; viens, et
que tes attraits célestes... (Regardant la figure de la madone.)
Ah ! qu'elle est belle ! Malheureux que je suis ! dans cette
image même je ne vois plus la divinité, je n'y vois qu'une
femme. Voilà ces traits enivrans qui portaient le trouble
dans tout mon être. Voilà ces beaux bras, ces blanches
épaules qui depuis ce matin sont devant mes yeux, je ne
puis donc plus prier sans être criminel ? Comment résister
encore ? Comment rester maître de moi-même ? Vous qui
l'exigez, vous qui m'ordonnez d'être plus qu'un homme,
ordonnez donc à mes yeux de ne pas voir, à mon cœur de
ne pas battre, à mon sang de ne pas circuler dans mes
veines ; et si je ne le puis, vous direz que je suis coupa-

ble ! Non, je ne le suis pas ; j'en appelle à Dieu même,
qui voit mes tourmens et mes combats ; à ce Dieu
qui m'a créé, comme ses autres enfans, pour vivre et
pour sentir ; à ce Dieu dont je suis le serviteur et le
ministre, et qui n'a pas voulu que pour avoir le droit
de le servir, on fût voué au malheur. Nulle part il ne
l'a dit ; ce n'est pas sa volonté : c'est celle des hommes,
et je la brave ; j'y suis décidé. (Entre Girolamo.) Que me
veux-tu ?

GIROLAMO.

Je venais prendre vos ordres.

AMBROSIO, avec agitation.

Mon chapeau, mon manteau ; je vais sortir.

GIROLAMO.

Pour aller chez le signor Zambardi, le mari de Juliette ;
vous aviez dit que vous lui porteriez des secours.

AMBROSIO.

Oui, tu as raison ; des secours qui puissent désormais la
mettre à l'abri de la misère, et surtout de la séduction.
(Écrivant.) Ce mot à Taddéo le banquier. Deux mille écus
romains. (Il remet la lettre à Girolamo, et se promène d'un air
agité.) Loretta, près le Ponte-Rotto !

GIROLAMO, le suivant.

Ah ! c'est pour la signora Loretta qu'est cet argent !

AMBROSIO.

Qui te parle de cela ?

GIROLAMO.

Je l'ai cru ; vous me donnez une adresse près le Ponte-
Rotto.

AMBROSIO.

L'ai-je dit ? je me suis trompé, je pensais à autre chose.
Ce billet au banquier seulement. Il saura ce qu'il a à faire.

GIROLAMO.

Vous suivrai-je ?

AMBROSIO, préoccupé.

C'est inutile ; je reviens... je sors... je... Sais-je moi-
même ce que je veux faire ? Laisse-moi.
(Il sort.)

GIROLAMO.

C'est singulier ! je ne l'ai jamais vu ainsi ; et ce nom de
Loretta qu'il a prononcé... Loretta, près le Ponte-Rotto.
(Montrant la lettre.) Certainement je lui obéirai ; c'est mon
devoir ! Mais suivons-le d'abord de loin, et voyons où il va,
pour en instruire sur-le-champ mon autre maître, le père
Barnabé ; car c'est encore mon devoir, et, Dieu aidant, je
veux les remplir tous.
(Il sort.)

(L'appartement de Loretta, richement décoré. — Au fond une
madone au-dessus d'un divan.)

LORETTA.

Eh ! quoi, déjà me quitter ?

AMBROSIO, d'un air sombre.

Il le faut, Loretta.

LORETTA.

Reste encore, je t'en supplie : Zerline, ma camérière, va
voir si tu peux sortir. Ta voix est si douce à mon oreille !
Tu me parles un langage qui m'est inconnu. Et puis tu as
un air si triste ! Tout à l'heure, près de moi, des larmes
roulaient dans tes yeux.

AMBROSIO, à part.

Oui, mon âme est triste et flétrie; elle était née pour un
autre bonheur, pour un bonheur qu'on peut avouer,

**LORETTA.**

Est-ce que tu es fâché, mon doux seigneur? est-ce que tu m'en veux?

**AMBROSIO.**

Non pas à toi (A part), mais à ceux qui m'ont condamné à chercher dans l'ombre de pareils plaisirs; mon cœur seul désire encore, et sent plus que jamais ce qui lui manque... Ah! qu'on doit être heureux d'un amour véritable, de cet amour pur et légitime qu'ils m'ont interdit, et que j'ai toujours rêvé! Combien alors les vertus sont faciles! Tous les devoirs sont un bonheur. Édouard, Édouard, tel est ton sort. Et le mien!!!

(Il reste la tête appuyée dans ses mains.)

**LORETTA.**

Tu ne me réponds pas? Sombre et rêveur, tu gémis. Quels sont tes chagrins? dis-les-moi.

**AMBROSIO**, la regardant douloureusement.

Ah! tu n'y peux rien.

**LORETTA.**

Peut-être. Et puisque tu es malheureux, tiens, reprends tes présens, je n'en veux pas.

**AMBROSIO**, rougissant.

Oh ciel! quelle humiliation!

**LORETTA.**

Eh quoi! tu me repousses? c'est mal à toi, c'est me faire de la peine; je ne veux rien de ceux que j'aime... et je t'aime.

**AMBROSIO.**

Ah! tu blasphèmes en prononçant un pareil mot.

**LORETTA.**

Pourquoi donc? Tu es jeune, tu es beau, ton front est noble et majestueux; et dans tes yeux noirs si doux et si mélancoliques, il y a je ne sais quelle expression de fierté qui m'impose et m'inspire du respect. Tu n'as voulu m'avouer ni ton nom ni ton rang; mais tu m'es supérieur, je le sais, je le devine: n'importe, si je te veux, je t'aimerai comme mon égal.

**AMBROSIO**, la regardant avec étonnement.

Que dis-tu?

**LORETTA.**

Ah! il n'y a que ceux-là qu'on aime bien; et puis, s'il faut te le dire, tu ressembles à quelqu'un que je n'ai vu qu'une fois de bien loin, mais dont les traits et les paroles sont gravés dans mon cœur.

**AMBROSIO.**

Où l'as-tu vu?

**LORETTA.**

A l'église Saint-Pierre, où il prêchait.

**AMBROSIO.**

Quoi! ce serait?...

**LORETTA.**

Ne le connais-tu pas? Toutes les beautés romaines en raffolent; c'est à qui se mettra le plus près de sa chaire les jours de sermon. Aussi on ne peut en approcher; les grandes dames prennent les meilleures places. Il est mieux que toi encore; il est plus grand, surtout quand il parle: il parle si bien! Moi, je ne crois pas à un prédicateur quand il est petit ou quand il est laid.

**AMBROSIO**, souriant.

Vraiment?

**LORETTA.**

Et de temps en temps ta voix m'a rappelé la sienne.

**AMBROSIO.**

Quelle folie!

**LORETTA.**

Il est vrai que partout je crois l'entendre. Ce matin encore, au confessionnal...

**AMBROSIO**, troublé et l'interrompant.

Adieu, Loretta, adieu.

**LORETTA.**

Et je ne te reverrai plus?

**AMBROSIO.**

Malgré moi peut-être je reviendrai. Où est Zerline, qui doit me reconduire et m'indiquer le chemin?

**LORETTA.**

Tiens, la voici.

**ZERLINE**, accourant tout effrayée.

Ah! signora, n'entendez-vous pas tout ce bruit?

**LORETTA.**

Qu'est-ce donc?

**ZERLINE.**

Tout le peuple est amassé dans la rue; il est animé par le père Barnabé, qui est à leur tête. Ils menacent d'enfoncer la porte, que j'ai refusé d'ouvrir.

**AMBROSIO**, à part.

O ciel! c'est fait de moi!

**LORETTA.**

Et pourquoi? que nous veulent-ils?

**ZERLINE.**

Ils prétendent qu'il y a ici un frère dominicain, Fra-Ambrosio.

**LORETTA.**

Qu'ai-je entendu?

**AMBROSIO**, à demi-voix.

La vérité; c'est moi-même.

**LORETTA**, transportée de joie.

Il serait possible! J'ai été assez heureuse, assez bénie du ciel, pour que vous, mon père, vous m'ayez honorée, sanctifiée, de votre présence?

**AMBROSIO.**

Tais-toi, et songe à me sauver.

**LORETTA.**

Avant d'arriver jusqu'à vous ils me tueront.

**AMBROSIO.**

S'il ne s'agissait que de mourir, me verrais-tu trembler? Mais il s'agit de mon honneur, de ma réputation; faut-il tout perdre à la fois?

**LORETTA.**

O mon Dieu! que faire?

**AMBROSIO.**

Cette fenêtre?

**LORETTA.**

Elle donne sur la rue.

**AMBROSIO.**

La porte par laquelle je suis entré, celle qui donne sur l'église?

**LORETTA.**

Elle doit être gardée.

**AMBROSIO.**

Qui te l'a dit?

**LORETTA.**

J'en suis sûre... C'est le père Barnabé qui les conduit, qui les excite contre vous.

41

AMBROSIO.

Eh bien ?

LORETTA, baissant les yeux avec confusion.

Eh bien ! cette porte secrète, il la connaît aussi.

AMBROSIO, avec colère.

Malheureuse !

LORETTA, avec désespoir.

Ah ! pardonne-moi ! alors je ne te connaissais pas.

ZERLINE.

Signora, signora, ils ont forcé la porte, ils montent l'escalier ; les voici.

AMBROSIO.

Aucun moyen de fuir ! Que Dieu seul m'inspire ! (Prenant avec force Zerline et Loreita par la main.) A genoux à genoux toutes deux, et prosternez-vous !

LORETTA, effrayée, tombant à genoux et joignant ses deux mains.

M'y voici, mon père, que voulez-vous de moi ?

(Les deux femmes sont à ses pieds et le front courbé vers la terre. Dans ce moment les portes s'ouvrent ; Barnabé, Girolamo et tout le peuple se précipitent dans l'appartement, et s'arrêtent étonnés à la vue d'Ambrosio debout entre les deux femmes.

AMBROSIO, à voix haute et d'un ton inspiré.

Malheur à vous ! malheur à moi ! Que ma voix, plus forte que le tonnerre, ébranle jusqu'en leurs fondemens ces murs détestés ; que, plus puissante que le bras de Samson, elle renverse les colonnes du temple des faux dieux ; que leurs débris dispersés ensevelissent les Philistins et les pécheurs ; qu'ils n'en épargnent aucun !... Malheur à vous, malheur à moi, si mes vœux, qui montent jusqu'au trône de l'Eternel, sont exaucés par lui !

GIROLAMO.

Doux Jésus ! à qui en a-t-il ? Est-ce de moi qu'il parle ?

AMBROSIO, se retournant et l'apercevant.

Qui l'amène ici ? Qui conduit ce peuple sur tes pas ? Quel dessein le guide ? S'il est parmi eux un cœur pur, et qui n'ait point failli, qu'il se retire, qu'il s'éloigne : mes paroles ne sont point point pour lui ; mais s'il est un coupable, qu'il reste. (Avec force.) Restez tous, et écoutez.

UNE FEMME DU PEUPLE, tremblante.

Jésus ! Maria ! Dieu est en lui !

UN HOMME DU PEUPLE.

Je vous l'ai toujours dit.

BARNABÉ, à demi-voix au peuple.

Vous pourriez croire à une telle imposture ?

UN HOMME DU PEUPLE.

Je crois en Dieu ; et puisqu'il annonce sa parole, écoutons-le.

AMBROSIO se retourne vers Loretta, qui est toujours à genoux ; il baisse les yeux, et lui dit lentement et d'une voix troublée.

Venu en ces lieux par hasard... ou plutôt par la volonté de la Providence, pour vous éclairer... pour vous sauver... pour vous arracher à cette vie criminelle... que le ciel qui m'inspire me donne la force de vous convaincre !...(S'animant peu à peu et finissant par parler de conviction.) Pauvre fille que je plains ! ô malheureuse enfant, dont un souffle impur a flétri la jeunesse, était-ce pour un tel usage que Dieu t'avait donné tant d'attraits ? toi, qu'aucune loi divine et humaine ne condamnait au vice et au malheur ; toi, qui, libre et maîtresse de toi-même, pouvais écouter la voix de

la nature, ou suivre le penchant de ton cœur ; toi enfin, à qui la vertu était permise, tu l'as dédaignée : tu as préféré les plaisirs du monde à la paix de l'âme, et les hommages de tous à l'estime d'un seul. Sais-tu ce que tu as perdu ? Le bonheur de tous les instans, le charme de l'existence, l'amour d'un époux, l'affection de tes enfans ; car si tu en as, ils rougiront de leur mère, et nul d'entre eux n'embellira ta vie ou ne soutiendra ta vieillesse. En revanche, et pour prix de tant de biens auxquels tu as volontairement renoncé, pour prix de ta beauté prostituée et de ta jeunesse avilie, sais-tu le sort qui t'attend ? Le voici. Ces jouissances qui t'enivrent ne t'inspireront bientôt que de l'horreur et du dégoût. Dans tes folles dissipations, tu ne trouveras plus de plaisirs que ceux qui s'achètent ; tu les paieras avec l'or pour qui tu t'es vendue, et les richesses que le crime t'a données, le désordre te les retirera. Avec le temps tes charmes se flétriront, les amans s'éloigneront de toi ; les jours de peine et de misère succéderont à tes beaux jours ; errante et ne sachant où reposer ta tête, tu troqueras tes lambris dorés contre l'asile de la pitié, et tes coussins de soie contre la paille d'un hôpital ; et là, sur ce lit de douleur, isolée, abandonnée de tous, tu n'auras plus rien à espérer ni à attendre, rien... que le mépris, compagnon de ta vie, et qui te suivra par-delà la tombe. (Avec un accent terrible.) C'est ainsi que tu paraîtras devant Dieu ! Que lui répondras-tu alors ?

LORETTA, avec effroi et étendant les bras vers lui.

Ah ! mon père !

AMBROSIO la regarde un instant, la voit à ses pieds pâle et tremblante ; son cœur s'émeut, des larmes s'échappent de ses yeux ; il lui prend la main, la relève, et continue avec douceur.

Loin de moi de vouloir jeter le désespoir dans votre âme ! Coupable moi-même, je dois prier pour le pécheur, et non pas le maudire. Ministre d'un dieu de paix et de miséricorde, je ne vous effraierai point de sa colère, je vous parlerai de sa clémence, plus grande encore que vos fautes. Je vous le montrerai vous ouvrant les bras, et vous disant : Égarés ou coupables, revenez à moi ; repentez-vous, et tous vos torts sont oubliés. Oui, ma fille, entends sa voix qui t'appelle ; reviens à Dieu, dont la miséricorde ne s'est point lassée, à Dieu que le remords désarme, et près de qui le repentir tient lieu de vertus. Plus coupable encore était Madeleine la pécheresse ! Comme toi, plongée dans l'erreur, livrée à de honteux plaisirs, elle courait à sa perte éternelle ; déjà l'abîme était sous ses pas, et prête à s'y précipiter, un rayon de repentir se glissa dans son âme ; elle leva les yeux vers le ciel, et le ciel lui fut ouvert. Elle y règne à présent ; elle y brille auprès des vierges saintes qui n'ont jamais succombé. Que son exemple te soutienne et t'encourage ; relève ton front humilié ; regarde les cieux qui t'attendent, et qu'il faut mériter.

LORETTA.

Oui, oui, mon père, c'est Dieu qui parle par votre bouche ; sa grâce m'a touchée ; je me repentirai, j'expierai mes fautes ; j'entrerai au couvent des Annonciades, je vous le jure.

AMBROSIO, étonné.

Que dit-elle ?

LORETTA, se retournant vers le peuple.

Et vous, témoins de mes désordres, soyez-le de mon repentir et de ma conversion. Priez pour moi ; priez pour celui à qui je devrai mon salut.

TOUT LE PEUPLE, tombant à genoux.

Gloria in excelsis ! Gloire à Fra-Ambrosio, à l'élu de Dieu !

UN HOMME DU PEUPLE.

Et on osait le calomnier ! et nous avons pu le soupçonner ! Pardonne-nous, mon père, et donne-nous ta bénédiction.

**AMBROSIO, ému.**

Assez, assez, mes enfans; je ne mérite point vos hommages.

**TOUS, à genoux.**

Ta bénédiction.

**AMBROSIO.**

Je vous la donne.

**UN AUTRE.**

C'est le père Barnabé et Girolámo qui nous ont excités contre lui, qui nous ont amenés ici.

**AMBROSIO, étonné.**

Quoi; Girolamo, mon serviteur!

**PLUSIEURS.**

Qu'ils périssent tous deux! Traînons-les dans la rue; jetons-les au Tibre!

**TOUS, entourant Barnabé et Girolamo, et les entraînant de force.**

Au Tibre! au Tibre!

**AMBROSIO.**

Arrêtez, ou craignez ma colère. Qu'on les laisse; qu'ils soient libres. L'homme est inexorable : Dieu seul pardonne; Dieu seul sait oublier. C'est en l'imitant qu'on se rend digne de lui; et s'il est vrai qu'il y en ait ici qui aient juré ma perte, qu'ils approchent, (Tendant la main à Girolamo et à Barnabé.) et qu'ils touchent ces mains qui s'étendent pour les absoudre. Maintenant, sortez tous, et laissez-moi.

(Barnabé et Girolamo confus baissent la tête; tout le peuple sort avec eux, et Zerline les reconduit.)

**AMBROSIO, seul.**

Oui, oui, je leur pardonne, et du fond du cœur, pour que Dieu me pardonne aussi. (Se jetant dans un fauteuil.) Malheureux que je suis! j'ai donc employé le mensonge et l'hypocrisie dont j'avais horreur. Ah! c'est là mon crime, le seul que je me reproche; mais il le fallait : j'y étais forcé. Voilà donc la conséquence inévitable de l'esclavage qu'ils m'ont imposé! C'est l'esclave qui trompe; l'homme libre n'en a pas besoin. (Apercevant Loretta qui le regarde.) Adieu, Loretta; je pars : embrasse-moi.

**LORETTA, faisant le signe de la croix.**

Non, jamais; je vous l'ai dit.

**AMBROSIO, la regardant avec surprise.**

Quoi! c'est sérieusement? Et ce que tu disais tout à l'heure n'était point pour me sauver?

**LORETTA.**

C'était pour me sauver moi-même. Oui, j'y suis décidée; je vous devrai mon bonheur dans ce monde et dans l'autre.

**AMBROSIO.**

Il est donc vrai! que le ciel alors, que le ciel te soutienne dans ta courageuse résolution! mon estime t'est rendue, et mon amitié te suivra. ( Loretta se met à genoux dans un coin de l'appartement, et prie. Ambrosio, de l'autre côté, assis, et tenant sa tête appuyée sur sa main.) Et moi, me voilà donc de nouveau abandonné de tous! en dehors du monde, proscrit et exilé au milieu même de la société, qui me condamne à la solitude! Non, je l'ai trop éprouvé déjà, jamais je ne pourrai vivre ainsi, jamais je ne pourrai apaiser l'orage des passions qui gronde dans mon sein! Le ciel est témoin que mon cœur était pur, que je ne voulais pas songer à la femme d'autrui; mais puisque le monde et l'Église m'y contraignent, puisque ni les hommes ni les lois ne viennent à mon aide, que la faute retombe sur ceux qui me la font commettre! (Se levant.) Allons! j'irai chez le gouverneur!!

FIN DE LA CONVERSION.

# POTEMKIN

## OU UN CAPRICE IMPÉRIAL.

ANECDOTE DE LA COUR DE RUSSIE.

———◦◦◦———

Un appartement magnifique dans le palais de la Tauride.—Sur un lit recouvert de peaux de tigre, un homme à moitié habillé est étendu et sommeille. — Près de lui, sur le parquet, des papiers, des cartes géographiques. —Un sabre richement damasquiné, des ordres en diamans. — Sur une table à côté les restes d'un repas et plusieurs bouteilles vides.

LA COMTESSE BRANITZKA, entrant.

Midi... Et il dort encore.

LE PRINCE POTEMKIN, rêvant.

Constantinople!... Constantinople!... c'est là le chemin !... En avant !...

LA COMTESSE, s'approchant de lui.

Grégoire, éveillez-vous.

LE PRINCE POTEMKIN, s'éveillant.

A moi, grenadiers !... (Se mettant sur son séant.) Qui vient là ?... Ah ! c'est toi, comtesse... toi ma nièce bien-aimée ?... Pourquoi m'éveiller en ce moment ?

LA COMTESSE.

Voici le milieu du jour, et tous les grands de l'Empire. les ministres de Catherine sont là, dans votre antichambre, à attendre votre lever.

POTEMKIN, avec humeur.

Qu'ils attendent !... Et quand Catherine elle-même serait avec eux, qu'ils attendent ! (Se frottant les yeux.) Je faisais chanter un *Te Deum* dans la grande mosquée.

LA COMTESSE.

Des projets d'agrandissement, même en dormant !

POTEMKIN.

Oui, l'empire russe est trop étroit ; j'y suis gêné : je n'y respire pas... Ah ! s'il ne tenait qu'à moi !...

LA COMTESSE.

Et que voulez-vous de plus ?

POTEMKIN.

Ce que je veux ! ce que je veux !... Etre heureux, et je ne le suis pas... Quand n'aurai-je rien à faire ? quand pourrai-je me reposer ?... Le bonheur, c'est le repos.

LA COMTESSE.

Vous voilà bien !... Ami de la paresse et toujours au travail !... envieux de tout ce que vous ne faites pas, et ennuyé de tout ce que vous faites !

POTEMKIN.

Le moyen de ne pas l'être ! Toujours des craintes, des inquiétudes... J'avais laissé en mon absence le commandement de l'armée à Romanzoff, et j'ai reçu hier la nouvelle...

LA COMTESSE.

D'une défaite.

POTEMKIN.

Non, d'une victoire !... je le rappellerai.

LA COMTESSE.

Y pensez-vous ?

POTEMKIN.

Pour le récompenser... Il est vieux, il faut qu'il se repose... C'est à nous de combattre... Je retournerai commander... Le prince Repnin et Souvarow m'inquiètent aussi ; mais je ne peux pas être partout (Montrant les papiers qui sont sur la table.) Et ces édits, ces ukases à rendre, ces établissemens à créer, ces ordres à signer... tout retombe sur moi.

LA COMTESSE.

Chaînes pesantes ! esclavage continuel, dont vous seriez bien fâché d'être délivré !... Vous, mon cher oncle, qui il y a vingt ans, n'étiez qu'un petit élève en théologie à l'université de Moscou, plus tard simple porte-enseigne dans les gardes, et maintenant...

POTEMKIN, lisant l'adresse d'une lettre qu'il tient à la main.

» Au prince Potemkin, premier ministre, généralissime » de toutes les armées russes, grand amiral des flottes de » la mer Noire, de la mer d'Azoff et de la mer Caspienne, » grand hetman des Cosaques, etc.. etc... »

LA COMTESSE.

Eh mon Dieu ! que de titres !

POTEMKIN.

C'est à coup sûr quelqu'un qui demande... (Lisant.) Ah ! rien que cela... le titre de chambellan... une place qui admet dans l'intimité de l'impératrice !... Et qui donc?... (Regardant la signature.) Le comte de Schérémézoff.

LA COMTESSE.

Un joli cavalier.

POTEMKIN.

Ce n'est pas un mal.

LA COMTESSE.

De plus un homme de tête et de mérite.

POTEMKIN, déchirant la pétition.

Il n'aura pas la place !... Colonel, s'il le veut... général, si cela lui plaît... Nous l'enverrons avec le prince Repnin. Il y a là de la gloire à gagner et des coups de fusil.

LA COMTESSE.

Et s'il revient avec un bras ou une jambe de moins?

POTEMKIN.

Alors il n'y aura plus de danger, nous le ferons chambellan.

LA COMTESSE.

Ah ! vous êtes jaloux !

POTEMKIN.

Moi?... et de quoi? Me crois-tu donc amoureux ? Je ne l'ai été que deux fois dans ma vie... D'abord il y a vingt ans, lorsque ma fortune en dépendait ; lorsque dans la conquête d'une maîtresse je voyais celle de la Russie. Il fallait plaire pour renverser ces ambitieux Orloff ; et quand je me rappelle leurs affronts, celui surtout du jeu de paume... j'avais la rage dans le cœur ; je n'ai jamais été plus aimable que ce jour-là, et de ce jour je fus heureux, je fus empereur.

LA COMTESSE.

Et votre amour, que devint-il dans le palais des czars?

POTEMKIN.

Amour de gloire et de puissance... Celui-là dure toujours, et mourra avec moi... Par lui on est grand, on est envié ;... on souffre, mais on règne !... Et cette fortune immense, colossale, que la Russie, que l'Europe entière essaie en vain de renverser, toi seule, Nadèje, a manqué de l'ébranler.

LA COMTESSE.

Moi !

POTEMKIN.

Oui, il n'y a que toi que j'aie aimée, toi, jeune fille que j'avais élevée ; c'est ma seule faute en politique... et quand j'y pense... quelle folie ! Quelle fièvre me tenait alors ! Je me rappelle qu'un jour, là, à tes pieds, je te disais : « L'amour d'une souveraine, le trône de la Russie, tout pour un seul de tes regards. » Et ce jour-là, je l'aurais fait... j'aurais tout sacrifié.

LA COMTESSE.

Oui, mais le lendemain !

POTEMKIN.

Le lendemain... je ne dis pas... Mais y songe-t-on quand on aime ?

LA COMTESSE.

Et tu te croyais amoureux !...

POTEMKIN.

Je l'aurais juré, et souvent, Nadèje, je le jurerais encore.

LA COMTESSE.

Erreur ! tu ne seras jamais qu'ambitieux... et moi, je ne serai jamais que ton amie, ta nièce, ta fille... Tout le monde te craint, te respecte ou t'admire... il faut bien qu'il y ait quelqu'un qui t'aime... ce sera moi.

POTEMKIN.

Jamais je n'en eus plus besoin... jamais je n'ai été plus malheureux, plus ennuyé... Courtisé par eux tous, et moi-même courtisan assidu ; obligé d'épier, de deviner les fantaisies d'une souveraine ; de prévenir tous ses vœux ; de ne pas lui laisser même un désir à former ; et souvent elle en a de si extraordinaires, de si bizarres, de si absurdes !

LA COMTESSE.

Elle, Catherine, notre magnanime impératrice !

POTEMKIN.

Oui, c'est un grand souverain, un grand homme ; mais c'est une femme ! Maîtresse d'un empire immense, ses caprices sont plus grands encore que son pouvoir ; et ce despotisme intérieur, ces royales fantaisies d'une imagination en délire, moi seul en suis le témoin et la victime. Froide et impassible aux yeux de sa cour et de toute l'Europe, on ne voit en elle qu'un grand politique, un conquérant, un roi législateur : c'est la raison, la philosophie sur le trône, et Voltaire l'appelle un sage ! Ah ! s'il avait été à ma place, il saurait à quoi s'en tenir.

LA COMTESSE, avec gaieté.

Vraiment !

POTEMKIN.

Et voilà comme on écrit l'histoire ! Ah ! que de fois j'ai maudit l'empire du jupon ! Que de fois foulant la pourpre des czars, accablé de bonheur et d'ennui, tenant dans mes bras ma fortune, je la pressais contre mon cœur, non avec amour, mais avec rage, comme pour l'étouffer !

LA COMTESSE.

Quelle horreur !

POTEMKIN, revenant à lui.

Qu'ai-je dit?... Je te confie tout, Nadèje, je te laisse lire dans mon cœur, et j'ai tort, peut-être ; car si tu me trahissais, si tu me livrais à mes ennemis !...

LA COMTESSE.

Se défier de moi !

POTEMKIN.

Non pas de toi ; mais tu es jeune, tu es jolie, tu es entourée de courtisans qui t'adorent, ne t'y trompe pas, parce que tu es la nièce de Potemkin.

LA COMTESSE, souriant.

Et pour d'autres raisons aussi.

POTEMKIN.

C'est là ce qui m'effraie. Tu n'aurais qu'à les aimer ; tu

leur livrerais mes secrets. Je ne le veux pas, je le défends,
ou sinon...

**LA COMTESSE, riant.**

Sinon, le knout, la Sibérie...

**POTEMKIN, avec colère.**

Oui, je puis tout... et malheur à eux, malheur à toi!

**LA COMTESSE.**

A merveille! voilà qui est galant, qui est aimable! et
j'admire, Potemkin, comment ton caractère réunit à la
fois les avantages et les défauts les plus opposés. Sem-
blable en tout à l'empire russe, que tu soutiens, et dont
tu es la vivante image, tu es, comme lui, moitié civilisé
et moitié barbare. Il y a en toi de l'Asiatique, de l'Euro-
péen, du Tartare et du Cosaque ; mais ce dernier domine.
Je n'en veux pour preuve que la déclaration que tu viens
de me faire.

**POTEMKIN.**

Qui, moi?... Pardonne, Nadèje.

**LA COMTESSE.**

Non pas; et pour te punir, j'achèverai ton portrait, et
je te forcerai à te regarder. Gâté par la fortune, blasé sur
toutes les jouissances de la vie, malheureux à force d'être
heureux, grand général, ministre habile, mais tour à tour
despote et populaire, avare et magnifique, libertin et su-
perstitieux.

**POTEMKIN.**

Moi!

**LA COMTESSE.**

Oui, oui, tu crois en toi, en ton étoile, et tu ne redoutes
rien, si ce n'est le diable, que tu révères beaucoup.

**POTEMKIN, d'un air gêné.**

Quelle folie!

**LA COMTESSE.**

D'où vient donc alors ce cachet magique que tu portes
toujours là, sur ton sein?

**POTEMKIN.**

Tais-toi, tais-toi ; tu blasphèmes! et quand il serait vrai,
quand j'aurais cette faiblesse! le diable a assez fait pour
moi pour que je fasse quelque chose pour lui. Franchement, il faut qu'il se soit mêlé de mes affaires. Je crois
souvent que c'est lui qui me conseille.

**LA COMTESSE.**

Oui, tout à l'heure encore, quand il te portait à soupçonner ta meilleure, ta seule amie; moi qui ne tiens ni à
tes honneurs, ni à ton pouvoir; moi qui ai tout refusé,
jusqu'à ton amour; moi enfin qui n'ambitionne rien
que ton amitié, et qui braverais pour elle le knout et la
Sibérie, que tu as daigné me promettre tout à l'heure!

**POTEMKIN.**

Ah! ma nièce chérie! ah! Nadèje! je suis un monstre,
un ingrat!

**LA COMTESSE.**

Non, je te l'ai dit, tu es ambitieux, et voilà tout... Mais
habillez-vous, donnez vos audiences, car on vous attend.
Je vous dirai plus tard ce qui m'amène.

**POTEMKIN.**

Non pas, toi d'abord, toi avant tout!... Parle ; que veux-
tu? je suis riche ; l'impératrice m'a envoyé hier cinq cent
mille roubles : elles sont à toi.

**LA COMTESSE.**

Je ne veux rien pour moi ; je viens vous parler pour un
pauvre diable, un simple soldat auquel je m'intéresse.

**POTEMKIN.**

Je le fais officier.

**LA COMTESSE.**

Au contraire, il veut son congé. Voici son nom et celui
de son régiment.

**POTEMKIN, regardant le papier qu'elle lui a donné.**

Mouravieff, grenadier au régiment de Kerson... régiment arrivé hier à Saint-Pétersbourg. (Riant.) Comment ce
soldat a-t-il l'honneur d'être votre protégé?

**LA COMTESSE.**

C'est depuis ce matin. Il était de garde à l'hôtel des Mon-
naies, où un incendie venait de se déclarer, et il restait
immobile sous les armes dans sa guérite en feu, parce que
le caporal qui l'avait mis en faction n'était pas là pour le
relever.

**POTEMKIN.**

Bel exemple de discipline russe.... obéissance aveugle ;
c'est le secret de notre force. Une armée qui ne raisonne
pas plus que cela est une armée invincible.

**LA COMTESSE.**

Quoi qu'il en soit, je m'intéresse à mon jeune soldat, car
il est jeune : un superbe grenadier qui ne répond que par
monosyllabes; je l'ai interrogé, et il fait la conversation
comme il fait l'exercice.

**POTEMKIN, riant.**

En douze temps.

**LA COMTESSE.**

Je lui ai promis son congé, car il est amoureux, et il
doit épouser dans son pays une jeune fille qui l'attend aussi
patiemment qu'il attendait le caporal.

**POTEMKIN.**

Vraiment! Je veux le voir. Holà! quelqu'un!

**LA COMTESSE.**

Je suis sûre que cela vous amusera et vous intéressera.

**POTEMKIN, au domestique qui entre, lui donnant le papier.**

Qu'on fasse venir sur-le-champ ce soldat (A la comtesse.)
Vous me restez? vous déjeunez avec moi?

**LA COMTESSE.**

Volontiers... mais vos audiences...

**POTEMKIN, au domestique.**

Je ne reçois pas. Vous direz que je travaille avec l'impératrice, et qu'on ne me dérange pas. Rien ne doit déranger un ministre qui déjeune ou qui dîne. C'est le seul
moment où il vive pour lui.

**LA COMTESSE.**

Encore un défaut à ajouter au portrait... Vous êtes gour-
mand.

**POTEMKIN.**

C'est qu'il n'y a que cela de réel et de positif; c'est le
seul plaisir d'autrefois qui me soit resté fidèle dans ma
grandeur. (On a servi le déjeuner.) Allons! à table... Voyons
ces vins de France. (Buvant.) A vous, comtesse!

**LA COMTESSE.**

Et moi je bois au vainqueur d'Oczakoff!

### POTEMKIN.

Flatteuse ! (Ils mangent tous deux.) Quelles nouvelles débite-t-on à Saint-Pétersbourg ? En savez-vous de piquantes dont je puisse divertir l'impératrice ?

### LA COMTESSE.

On ne parle dans toutes les sociétés que de l'aventure de cette pauvre princesse Waronska.

### POTEMKIN, souriant.

Ah ! oui... je sais.

### LA COMTESSE.

Cela vous fait rire, un attentat pareil ! Un homme de rien, un mougik, un cosaque, employer la violence contre une femme de qualité ! déshonorer une noble famille !

### POTEMKIN.

J'en conviens comme vous, c'est épouvantable, et je ne ris que parce que la princesse est de toute la cour la vertu la plus prude et la plus sévère.

### LA COMTESSE.

Est-ce une raison ?

### POTEMKIN.

Non, sans doute. Aussi les lois ont prononcé : le mougik Oglou est condamné à mort, et sera probablement exécuté aujourd'hui ou demain, dès que l'impératrice aura signé son arrêt, que j'ai là.

### LA COMTESSE.

C'est justice.

### POTEMKIN.

Toutes les femmes penseront comme vous.

### LA COMTESSE.

Et les hommes aussi.

### POTEMKIN.

Certainement... Mais d'autres nouvelles plus gaies que celle-là.

### LA COMTESSE.

On dit, ce qui n'est guère probable, que les Turcs vont nous céder la Crimée.

### POTEMKIN, à demi-voix.

C'est déjà fait. J'ai conquis sans combattre les plus riches provinces musulmanes.

### LA COMTESSE.

Et comment cela ?

### POTEMKIN.

On le saura plus tard... quand ce sera ma propriété.

### LA COMTESSE.

Y pensez-vous ?

### POTEMKIN.

C'est là l'objet de mes vœux, c'est là que je veux amener Catherine. Le gouvernement de la Crimée, joint à ceux d'Astrakan et d'Azoff, que je possède déjà, me rendront un souverain plus puissant que bien des souverains de l'Europe. Alors je pourrai tout braver... même un caprice de femme !

### LA COMTESSE.

Que dites-vous ?

### POTEMKIN.

Qu'il faut toujours qu'un favori songe à se rendre indépendant. Arrivé où je suis, je ne puis plus descendre : et si je tombe, ce sera en montant. Mais, grâce du ciel, nous n'en sommes pas là.

### LA COMTESSE.

L'impératrice vous aime tant !

### POTEMKIN.

Je le crois, car je lui suis nécessaire.

### LA COMTESSE.

Vous exercez sur elle une telle influence !

### POTEMKIN.

Pas toujours. Il y a ici quelque machination qui se trame et que je veux déjouer. Depuis hier, Sa Majesté est rêveuse, préoccupée : elle a dans l'âme une pensée que je ne connais pas, et dont je veux me rendre maître.

### LA COMTESSE.

Peut-être un rival qu'elle va vous donner.

### POTEMKIN, souriant.

Si ce n'était que cela, je le saurais, elle me l'aurait dit.

### LA COMTESSE.

Est-il possible ?

### POTEMKIN.

C'est un traité passé entre nous. Je vois les choses trop en grand, et elle aussi, pour attacher de l'importance aux mutations de ce genre ou aux nombreuses promotions que peut faire Sa Majesté. Comme souveraine, elle a le droit de nommer à tous les emplois ; mais j'exige, moi, premier ministre, que les choix soient soumis à mon approbation.

### LA COMTESSE, riant.

C'est admirable.

### POTEMKIN.

Traité auquel elle n'a jamais manqué, et qu'elle a toujours exécuté avec une fidélité et une bonne foi vraiment impériales. C'est à moi alors de n'admettre dans le personnel que des sujets qui ne peuvent me porter ombrage. J'ai nommé dernièrement le comte Momonoff, jeune Moscovite très distingué, qui n'a pas en politique deux idées de suite, mais qui réunit du reste toutes les qualités nécessaires au poste brillant où je l'ai placé, et où je tâcherai de le maintenir.

### LA COMTESSE.

Je ne puis revenir de ma surprise.

### POTEMKIN.

Pourquoi donc ? Nous avons chacun nos attributions. Ce sont deux ministères, deux départemens tout à fait distincts, les sentimens et les affaires, et où souvent ce n'est pas moi qui suis le plus occupé. (À un major qui entre.) Qui vient là ? que voulez-vous ?

### LE MAJOR.

Ce grenadier au régiment de Kerson, que Votre Altesse a fait demander, est là, conduit par quatre fusiliers.

### LA COMTESSE.

Il ne fallait pas tant de cérémonies.

### POTEMKIN.

Qu'il entre.

(Paraît un grenadier d'une belle figure, fort et vigoureux, taille de six pieds. Il reste au fond de l'appartement, droit, immobile, et les bras collés contre le corps.)

### POTEMKIN.

C'est toi qu'on nomme Mouravieff ?

**MOURAVIEFF**, portant la main à son bonnet et balbutiant.

Oui, général.

**POTEMKIN.**

Approche, et ne te trouble pas ainsi. (Il s'avance tout d'une pièce, et reste auprès de la comtesse. Potemkin l'examine.) En effet, il est très bien. Ce n'est pas la première fois que nous nous voyons. N'étais-tu pas avec moi au siége d'Oczacoff?

**MOURAVIEFF**, toujours immobile.

Oui, général.

**POTEMKIN.**

Sous le bastion à gauche, deuxième batterie?

**MOURAVIEFF.**

Oui, général.

**POTEMKIN**, à la comtesse.

C'est un brave qui s'est bien montré. (A Mouravieff.) Tu aimes donc la gloire? (Voyant qu'il se tait.) Réponds donc.

**MOURAVIEFF**, embarrassé et se troublant.

Excusez, général, je n'entends pas!

**POTEMKIN.**

Il me semble cependant que je parle russe. Je te parle, mon camarade, de la gloire qui a si bien payé nos travaux.

**MOURAVIEFF**, cherchant à se remettre.

Bien payé? oui, général, nous avions six copecks par jour.

**LA COMTESSE.**

Et c'est pour six copecks que tu restais dans cette batterie?

**MOURAVIEFF.**

Oui, altesse; le caporal m'y avait mis.

**LA COMTESSE.**

Et si tu avais reculé?

**MOURAVIEFF.**

J'aurais eu le knout.

**POTEMKIN.**

Tu crains donc le knout?

**MOURAVIEFF.**

Oui, général.

**LA COMTESSE.**

C'est la honte qu'il faut craindre.

**MOURAVIEFF.**

Oui, altesse.

**POTEMKIN.**

Et depuis, où as-tu servi?

**MOURAVIEFF.**

A Ismaïl.

**LA COMTESSE.**

Avec Souvarow?

**MOURAVIEFF.**

Oui, altesse.

**LA COMTESSE.**

Un assaut qu'on dit terrible! Et tu t'en es tiré avec honneur?

**MOURAVIEFF.**

Oui, altesse, j'y ai gagné cinquante roubles.

**POTEMKIN.**

Et comment cela?

**MOURAVIEFF.**

Le général avait ordonné le pillage pendant deux jours.

**LA COMTESSE.**

Quelle horreur!

**POTEMKIN.**

Le pillage et tout ce qui s'en suit?

**MOURAVIEFF.**

Oui, général.

**LA COMTESSE**, hésitant.

Et... tu as... pillé?

**MOURAVIEFF.**

Oui, altesse, le général l'avait dit.

**LA COMTESSE.**

Et si tu avais refusé?

**MOURAVIEFF.**

J'aurais eu le knout.

**LA COMTESSE.**

Toujours le knout! Il paraît que c'est le mobile de l'honneur national; et quoi que vous en disiez, mon cher oncle, malgré votre admiration pour la discipline et l'obéissance passive, il me semble que le jour où ils comprendront qu'une balle est aussi à craindre que le knout, votre invincible armée sera bientôt en déroute.

**POTEMKIN**, à demi-voix.

Tais-toi!... tais-toi!... avant qu'ils en viennent là, l'Europe sera à nous, et voilà pourquoi nous nous hâtons. (A Mouravieff.) Tu veux donc ton congé?

**MOURAVIEFF.**

Oui, général.

**POTEMKIN.**

Ton pays?

**MOURAVIEFF.**

Astrakan.

**POTEMKIN.**

Mon gouvernement! (A la comtesse.) C'est un de nos paysans. (A Mouravieff.) Tu vas, en y retournant, te trouver serf et esclave.

**MOURAVIEFF.**

Oui, général.

**LA COMTESSE.**

Pauvre homme!

**POTEMKIN.**

Si je te donnais la liberté?

**MOURAVIEFF**, froidement.

Comme vous voudrez.

**POTEMKIN.**

Ou bien une vingtaine de roubles? Lequel aimes-tu le mieux?

**MOURAVIEFF**, riant d'un air étonné.

Mon général veut rire?

**POTEMKIN.**

Non, parle.

**MOURAVIEFF.**

Par saint Nicolas! j'aime mieux les roubles.

POTEMKIN, à la comtesse.

Que vous disais-je! vous voyez qu'ils sont encore loin de raisonner, et que l'Europe est plus près d'être à nous que vous ne pensez. (A Mouravieff.) C'est bien ; en voilà trente à cause de tes principes. Retourne chez toi, va te marier ; aie des enfans, je te l'ordonne.

MOURAVIEFF.

Oui, général.

POTEMKIN.

Et beaucoup, il nous en faut.

MOURAVIEFF.

Oui, général.

POTEMKIN.

Sinon le knout ! Reviens dans deux heures, ton congé sera expédié.

MOURAVIEFF.

Oui, général.

POTEMKIN.

Remercie madame, salue et va-t'en. Marche. (Mouravieff salue, fait un demi-tour à droite, et sort tout d'une pièce, comme il était entré.) Eh bien! comtesse, es-tu contente ?

LA COMTESSE, d'un air triste.

Pas trop; il m'intéressait davantage ce matin. J'aimerais autant une armée qui raisonnât.

POTEMKIN.

Tu es bien difficile. Ce gaillard-là est peut-être le plus instruit et le plus éclairé de son régiment. C'est pour cela qu'en bonne politique, (souriant) et, outre le désir de vous être agréable, j'ai bien fait de lui donner son congé; il pourrait gâter les autres. ( Entre par une petite porte à droite un officier des gardes, qui s'approche vivement de Potemkin et qui lui dit à demi-voix : L'impératrice!

LA COMTESSE se lève vivement, Potemkin reste assis.

L'impératrice dans ces lieux !

POTEMKIN.

Oui, elle vient souvent le matin dans ces lieux par la galerie couverte qui conduit de son palais au mien. Adieu, Nadèje.

LA COMTESSE.

Je me retire.

POTEMKIN.

A ce soir. Il y a cercle à a cour, on vous y verra?

LA COMTESSE, sortant.

Oui, mon cher oncle.

(Un instant après et par la porte à droite entre Catherine. Elle porte une tunique de velours nacarat , des diamans dans les cheveux. Elle s'avance d'un air préoccupé. Potemkin se lève et s'incline respectueusement. Catherine fait signe à l'officier des gardes de sortir.)

POTEMKIN, regardant l'impératrice.

Encore cet air sombre et rêveur ! cela ne l'a pas quittée depuis hier soir. Il y a quelque chose qu'elle me cache, que peut-être elle se cache à elle-même. Je le saurai. (Haut.) Mon auguste souveraine a-t-elle bien reposé ?

CATHERINE, brusquement.

Oui, très-bien.

POTEMKIN.

Et comment se trouve-t-elle ce matin ?

CATHERINE, de même.

Mal... j'ai de l'humeur.

POTEMKIN.

Et pourquoi ?

CATHERINE.

Je ne sais, je viens vous le demander.

POTEMKIN.

Une telle confiance m'honore beaucoup : le difficile est d'y répondre. Votre Majesté aurait-elle quelques plaintes à me faire du comte Momonoff?

CATHERINE, lentement, et comme occupée d'un souvenir agréable.

Du tout... Au contraire : sujet fidèle et dévoué dont je vous remercie. Il est comme il faut être. ( Après un instant de réflexion.)... très bien, très bien. Peu d'esprit, par exemple.

POTEMKIN.

Votre Majesté en a tant !

CATHERINE, avec humeur.

Pas aujourd'hui ; et ayez celui de ne pas me faire de complimens, car je suis mal disposée. Tout m'ennuie, tout me contrarie. J'ai reçu de mauvaises nouvelles, des nouvelles de France. Leur révolution marche.

POTEMKIN, tranquillement.

Ce n'est pas cela qui doit vous inquiéter : la France est loin.

CATHERINE.

Voilà le mal. Il faudrait en être près.

POTEMKIN, souriant.

Cela viendra. Nous avons déjà pris la Pologne ; cela nous rapproche.

CATHERINE.

Et ce qui me déplaît le plus, c'est l'arrivée des émigrés français. On m'annonce même celle du comte d'Artois.

POTEMKIN, vivement.

Que vient-il faire ?

CATHERINE.

Demander des secours.

POTEMKIN, de même.

Et vous leur en accorderez?

CATHERINE.

Aucun. Qu'ils se déchirent entre eux; que la Prusse et l'Autriche s'en mêlent ; qu'ils s'épuisent, qu'ils s'affaiblissent tous : nous verrons après.

POTEMKIN, froidement et approuvant.

C'est bien.

CATHERINE.

En attendant, si le prince vient à ma cour, j'entends qu'on le reçoive avec les plus grands honneurs. (Souriant en elle-même.) Je veux même, puisqu'on le cite comme un chevalier français, je veux, devant toute ma cour, lui faire un présent chevaleresque auquel il sera sensible... Je lui donnerai mon épée.

POTEMKIN.

C'est à lui de s'en servir.

CATHERINE.

Une épée de femme !... le présent est léger... C'est la tienne qu'il lui faudrait, brave Potemkin.

POTEMKIN.

Celle-là, vous le savez, ne sort jamais du fourreau que pour le service de ma glorieuse souveraine. (Avec chaleur.) Car elle est à vous, Catherine, comme mon sang, comme ma vie, comme tout ce que je possède... et au nom de ce dévouement tant de fois éprouvé, au nom de l'amitié la plus tendre, daignez me dire quelle idée importune vous préoccupe depuis hier.

CATHERINE, troublée.

Moi !... Qui peut vous faire croire ?... qui vous a dit ?...

POTEMKIN.

Comment ne m'en serais-je pas aperçu ! Mon existence, à moi, c'est vous ; et rien de ce qui vous intéresse ne peut m'échapper.

CATHERINE.

Eh bien ! oui, s'il faut vous l'avouer, ces négociations que vous avez commencées pour l'acquisition de la Crimée... m'inquiètent beaucoup... c'est si important !

POTEMKIN.

N'est-ce que cela ? Nous avons réussi, et au delà de nos vœux. Sahim-Guerray, le khan des Tartares, effrayé par mes menaces et voyant ses ports bloqués par nos vaisseaux, vient de lui-même nous offrir ses riches provinces. Nous ne les prenons pas, on nous les donne.

CATHERINE, étonnée.

Que dites-vous ?

POTEMKIN.

Que le descendant de Gengis-Khan a cédé et vendu la Crimée pour une faible somme qu'on lui payera dans cinq ans, ou qu'on ne lui payera pas, selon l'état de nos finances... Voici l'acte de vente, signé par lui, et que je soumets à votre approbation. En attendant, nos troupes sont déjà entrées sur son territoire, et ont pris possession.

CATHERINE, regardant l'acte.

Il serait possible ? (Froidement.) C'est bien, Potemkin, j'en suis ravie ; car, je vous l'ai dit, c'est là tout ce qui me tenait au cœur.

POTEMKIN, à part, en jetant sur elle un regard observateur.

Elle me trompe : ce n'est pas cela. (Haut à Catherine.) Vous savez de quelle importance il est d'organiser ces nouvelles provinces, d'y introduire les arts nés de la civilisation. Ce beau pays ne demande qu'à être cultivé pour devenir le plus fertile de l'empire, et peut-être de l'Europe... La Crimée sera la grenier de la Russie. Mais, pour obtenir promptement de pareils résultats, il faut s'en rapporter à quelqu'un qui donne à tout le mouvement, l'impulsion et la vie ; quelqu'un, en un mot, qui sache à la fois concevoir et exécuter.

CATHERINE, froidement.

Je comprends... vous, par exemple ?

POTEMKIN.

Pourquoi pas ? Qui eût part à la peine peut bien l'avoir à la récompense.

CATHERINE, froidement.

Nous verrons... nous en parlerons.

POTEMKIN, brusquement.

Pourquoi attendre ?

CATHERINE.

Vous avez déjà les gouvernemens d'Azoff et d'Astrakan. Ce serait aussi vous accabler de trop de soins et de travaux.

POTEMKIN, avec dépit.

Vous me refusez ?

CATHERINE, avec humeur.

Je ne dis pas cela... mais dans un autre moment... plus tard... on s'en occupera.

POTEMKIN, s'échauffant.

Il ne sera plus temps !... Le temps nous presse !... Il faut être prêt avant que l'Europe ne s'éveille ; et c'est dans l'intérêt du pays, dans le vôtre, que j'insiste encore, et que j'oserai vous dire qu'il le faut... que je le demande... que je le veux !

CATHERINE, avec fierté.

Et moi, je ne le veux pas.

POTEMKIN, s'emportant.

C'est la première fois que le caprice et l'humeur vous font repousser ce qui est juste et convenable... Voilà la récompense des services que, tout à l'heure encore, je viens de vous rendre, et que, dans tout autre moment, vous auriez su apprécier... Voilà le prix de tant d'affection et d'amour... Catherine... Catherine... vous m'avez froissé et humilié : je suis malheureux et mécontent... mécontent de vous.

CATHERINE.

Et tu n'es pas le seul... Moi aussi je suis mécontente de moi... je suis bien malheureuse.

POTEMKIN.

Vous ! grand Dieu !... Et que vous manque-t-il ? Souveraine du plus grand empire de la terre, quel désir pouvez-vous concevoir, quel vœu pouvez-vous former, qui ne soit à l'instant même réalisé ?

CATHERINE, avec impatience.

Quel vœu ?... quel désir ?... que sais-je ?... Il fut un temps où l'on s'empressait de les deviner... de les prévenir.

POTEMKIN.

Y puis-je quelque chose ? commandez.

CATHERINE.

Eh ! mon Dieu ! non : cela ne dépend pas de vous ; vous n'y pouvez rien, ni moi non plus... Brisons là... Qu'il n'en soit plus question... Qu'on ne me parle plus de rien, car je sens mon humeur qui me reprend. (S'asseyant.) Quelles affaires y a-t-il ? hâtons-nous, dépêchons.

POTEMKIN.

Différens arrêts des cours de justice qu'il vous faut signer. On a condamné les révoltés de Pilten et de Courlande à trois ans de prison.

CATHERINE, avec humeur.

C'est bien de l'indulgence !... (Ecrivant et signant. Trois ans de plus.

POTEMKIN.

Le receveur des impôts de Novogorod, accusé de concussion, à cinq années en Sibérie.

CATHERINE, de même.

Six ans de plus.

POTEMKIN.

Derschowin, écrivain pamphlétaire, gagé par la Prusse,

convaincu d'avoir publié un libelle infâme contre l'auguste personne de Votre Majesté, condamné à la détention perpétuelle.

**CATHERINE, sans l'écouter.**

Dix ans de plus.

**POTEMKIN, l'arrêtant au moment où elle va écrire.**

Un instant... Je demande grâce pour ce supplément de peine.

**CATHERINE, avec humeur.**

Que m'importe !... (Déchirant l'arrêt.) Grâce toute entière, si vous voulez, pourvu que cela finisse.

**POTEMKIN, à part.**

Nouveau caprice !... et celui-là, la postérité l'appellera de la clémence.

**CATHERINE.**

Est-ce tout ? suis-je débarrassée ? (Voyant Potemkin qui lui présente un papier.) Eh bien ! encore une signature à donner ?

**POTEMKIN.**

La dernière... et cette fois votre rigueur n'aura rien à ajouter. C'est l'arrêt de mort de Pierre Thomas Oglou, mougik au service de la princesse Waronska.

**CATHERINE, d'un ton plus doux.**

Ah ! je sais... depuis hier j'ai entendu parler de cette aventure. Mais vaguement... confusément... Donnez-m'en les détails.

**POTEMKIN.**

Quoi ! Votre Majesté exige...

**CATHERINE.**

Je n'ai pas, je crois, l'habitude de signer sans savoir de quoi il est question.

**POTEMKIN.**

Il résulte de l'acte d'accusation que Thomas Oglou, esclave, né dans les domaines de la princesse Irène Waronska, était placé dans son hôtel, à Saint-Pétersbourg, comme valet de pied. Voyant tous les jours sa maîtresse, il avait conçu pour elle une passion ardente et effrénée, que rien n'avait encore décelée. Ce n'est que le vingt-sept juin dernier, qu'après les dépositions des témoins, qu'il en fit l'aveu à Michel Mohilof son camarade, cocher de la princesse : il lui confia qu'étant trop malheureux, et n'ayant aucun espoir de cesser de l'être, il voulait le lendemain aller se jeter dans la Néwa. Le soir même, il distribua à tous les gens de la maison l'argent et le peu d'effets qui lui appartenaient. Le jour d'ensuite, vingt-huit juin, jour de la Sainte-Irène, patronne de la princesse, il alla de bon matin se confesser, se dirigea ensuite vers la Néwa, où il fut aperçu par deux bateliers ; mais il paraît qu'avant d'exécuter son dessein, il voulut encore une fois revoir sa maîtresse, et il retourna sur les dix heures à l'hôtel.

**CATHERINE.**

Achevez.

**POTEMKIN.**

Le majordome, en le voyant, le gronda de son absence, de sa paresse, et le mit de service à la porte de la chambre de bain, où était la princesse. Il paraît alors que ce misérable, profitant d'un moment où les femmes de chambre venaient de sortir, se rendit coupable de l'attentat pour lequel la cour suprême vient de le condamner à mort.

**CATHERINE.**

Et ce crime est bien prouvé ?

**POTEMKIN.**

Il ne peut y avoir de doute, puisque lui-même en convient et reconnaît que son châtiment est juste. Vous pouvez voir sa déposition consignée dans cet arrêt, qui n'attend plus que votre signature.

**CATHERINE, jetant la plume.**

Je ne la donnerai pas.

**POTEMKIN.**

Y pensez-vous, madame ?

**CATHERINE.**

Oui, certainement. Cet homme est plus malheureux que coupable. Je vois là-dedans beaucoup de circonstances atténuantes. Rien de sa part n'était prémédité ; et si jamais, selon moi, il y eut un cas graciable, c'est celui-là.

**POTEMKIN.**

Votre Majesté ne parle pas sérieusement ?

**CATHERINE, vivement.**

Si, monsieur. Je suis maîtresse, j'espère, de commuer l'arrêt. Si vous aviez lu le traité *des Délits et des Peines* que j'ai traduit de Beccaria, vous verriez qu'il faut encore quelque proportion et quelque rapport entre l'offense et le châtiment. Quel est son crime à ce garçon ? un caractère trop impétueux, trop ardent, trop brûlant. Hé bien ! qu'on l'envoie en Sibérie, et qu'on ne m'en parle plus.

**POTEMKIN.**

Mais la famille Waronska est puissante et considérée. Ils vont tous jeter les hauts cris ; la princesse se plaindra.

**CATHERINE, s'échauffant.**

Et de quoi ? que veut-elle de plus ? elle est bien exigeante. Le crime est puni, la vertu récompensée ; la sienne est reconnue, constatée par un jugement authentique. Je connais d'ailleurs son amour-propre, qui égale au moins sa pruderie ; et si l'orgueil du nom fait bruit d'un tel outrage, soyez sûr qu'au fond du cœur sa vanité s'en réjouit.

**POTEMKIN.**

Et en quoi ?

**CATHERINE, avec impatience.**

En quoi ?... Vous ne comprenez rien. Croyez-vous qu'elle ne soit pas fière d'avoir inspiré un tel amour ? une passion si grande, si excessive, qu'elle devient du délire, du fanatisme, et ne compte plus la vie pour rien. Je connais des femmes, qui à coup sûr valent mieux qu'elle, qui ont plus de beauté, de talens, de mérite, et qui ne sont pas si heureuses, qui n'ont jamais été aimées ainsi.

**POTEMKIN.**

Ah ! madame...

**CATHERINE.**

Je ne dis pas cela pour moi. Mais enfin, vous prétendiez tout à l'heure que rien n'égalait ma puissance ; va-t-elle jusqu'à faire naître de pareils sentimens ? non sans doute. Elle n'est donc pas illimitée ; elle a donc des bornes, ce qui est toujours humiliant à s'avouer.

**POTEMKIN.**

Est-il possible ?

**CATHERINE.**

Oui, monsieur, c'est un fait. Vous m'attestiez, dans l'instant encore, que je n'avais qu'à commander, qu'à désirer... propos ordinaire des courtisans. Eh bien ! voilà cependant un désir, un vœu impossible à réaliser ; et ce qui pourrait arriver à la dernière femme de mes Etats ne m'ar-

rivera pas à moi... Pourquoi ? parce que je suis impératrice. C'est donc une exception, une exclusion formelle
que je dois à mon rang, à ma dignité. Et on me vantera
encore les prérogatives et les avantages de la grandeur !
Tenez, je déteste la cour, la flatterie, l'adulation dont on
m'entoure, et je suis bien malheureuse !

POTEMKIN, à part.

Je ne m'attendais pas à celui-là ! (Haut.) Comment, madame, c'est là le chagrin qui préoccupait Votre Majesté ?

CATHERINE, avec emportement.

Eh bien ! monsieur, puisque vous m'avez forcée à en
convenir, cette idée-là depuis hier me poursuit et me
fâche. Vous me direz que c'est de la susceptibilité : cela se
peut ; mais cela est ainsi, et que ce secret, que je vous
confie, ne sorte jamais de votre sein, ou sinon...

POTEMKIN.

N'en ai-je pas conservé fidèlement de plus sacrés et de
plus importans encore, si c'est possible ? Mais après tout,
on a vu tant de choses si extraordinaires ! Il ne faut déses-
pérer de rien : tout peut arriver.

CATHERINE.

Tout m'arrive dans le monde, excepté cela ; et voilà
justement ce qui m'irrite, ce qui cause mon dépit ; car plus
j'y songe...

POTEMKIN.

Et pourquoi y songer ? Au lieu de s'occuper d'une pareille idée, je chercherais plutôt à l'éloigner. Votre Majesté
peut trouver tant d'autres plaisirs, tant de distractions !

CATHERINE.

Aucun, monsieur, aucun. Caprice, fantaisie, bizarrerie,
si vous voulez ; il n'y a que celui-là qui me plaise, qui
sourie à mon ambition, précisément parce que c'est impossible ; et puisqu'il est dit qu'ici-bas, au sein même du
bonheur, on doit éternellement désirer quelque chose, ce
sera toujours mon rêve, ma chimère, mon idée fixe, cela
et Constantinople.

POTEMKIN, vivement.

Constantinople vaut mieux ; et si Votre Majesté veut en
croire mes conseils, si, revenant à des projets sérieux, elle
me permet de lui rappeler encore l'organisation de la
Crimée ; c'est de ses ports que sortiront les flottes qui vous
conduiront à Byzance. Je ne vous demande pour cela que
trois ans ; que pendant trois ans je commande dans ces
riches contrées...

CATHERINE.

Non, je vous l'ai dit.

POTEMKIN.

Et quelles raisons ?

CATHERINE.

Jamais ; et puisque ce gouvernement vous plaît tant,
puisque c'est là l'objet de vos vœux... et vous aussi vous
désirerez quelque chose... vous ne l'aurez pas !

POTEMKIN.

Mais madame...

CATHERINE.

Qu'on me laisse. Je retourne à l'Ermitage, dans mon cabinet. J'y resterai seule toute la journée ; qu'on ne m'y dérange point ; que personne ne s'y présente, pas même vous.
Je suis mécontente, très mécontente ! Adieu, prince Potemkin, adieu.

(Elle sort.)

POTEMKIN, resté seul, la regarde sortir et se jette avec colère
sur un fauteuil.

Inconcevable ! inouïe ! Voilà de toutes les fantaisies impériales la plus curieuse que j'aie encore vue, et j'en rirais
comme un fou si je n'étais furieux. (Ramassant les papiers
épars sur la table et se promenant d'un air agité.) Elle le veut
comme tout ce qu'elle veut, comme souveraine absolue,
comme autocrate et comme femme ! Et la voilà inabor-
dable et de mauvaise humeur pour huit jours, pour quinze
jours, jusqu'à ce qu'une autre fantaisie ait remplacé celle-
ci ; fantaisie aussi absurde peut-être, mais qui du moins, je
l'espère, sera possible ; car, quelque adroit, quelque habile courtisan que l'on soit, il n'y a pas moyen, cette fois,
de lui donner satisfaction. Et c'est de là pourtant que dépend mon gouvernement de la Crimée, l'accomplissement
de mes desseins, et qui sait ! la gloire de Catherine et la
prospérité de l'empire ! (Mettant sa tête dans ses mains.) Pro-
fonds politiques, savans diplomates, méditez, desséchez les
fibres de votre cerveau, prévoyez tous les obstacles, pour
voir toutes vos combinaisons dérangées par un hasard, par
un caprice de femme ! (Levant la tête.) Qui vient là ?

(Il lève les yeux et voit Mouravieff, qui est entré sans qu'il l'ait
entendu, et qui est debout immobile auprès de lui.)

MOURAVIEFF.

C'est moi, général.

POTEMKIN.

Encore toi ? Qui t'amène ?

MOURAVIEFF.

Vous m'avez dit de revenir dans deux heures pour
mon congé.

POTEMKIN.

C'est vrai ! je n'ai pas eu le temps d'y penser. Va-t'en
au diable ! (Mouravieff porte la main à son bonnet, fait un demi-tour à droite, et va pour sortir.) Eh bien ! où vas-tu ? Reviens ici. (Mouravieff fait un demi-tour à gauche, deux pas en
avant, et reste immobile comme sous les armes, en attendant
le commandement. Potemkin assis, et le coude appuyé sur le
bras du fauteuil, le regarde en silence et l'examine de la tête
aux pieds.) C'est pourtant avec cela que l'on gagne des
empires et que l'on fonde des dynasties ! Et le sang épais
qui coule dans ses veines serait le même que celui d'un
noble ou d'un prince ! Non, quoi qu'en disent les philoso-
phes de France, nous ne sommes pas pétris du même li-
mon. Je suis leur seigneur et maître par le fait, par le droit
et par la pensée, qui soumet ces machines vivantes, et les
force, comme mon cheval de bataille ou comme mon mous-
quet, à obéir au mouvement que ma main leur imprime,
ou que ma volonté leur donne. (A Mouravieff, et comme pour
essayer son pouvoir sur lui.) En avant — marche ! — Halte-
là ! (Mouravieff marche ou s'arrête au commandement. Potemkin
regardant toujours et continuant à réfléchir.) Immobile image
de l'obéissance passive, on peut tout lui prescrire. Avec de
tels soldats on peut tout entreprendre, tout oser. Oui, j'o-
serai. (Haut.) Écoute ici : Où étais-tu en garnison ?

MOURAVIEFF.

A Smolensk.

POTEMKIN.

Es-tu venu à Saint-Pétersbourg ?

MOURAVIEFF.

Jamais.

POTEMKIN.

C'est bien. (Se levant.) Fais attention à la consigne que je
vais te donner, et n'y manque en aucun point ; ou sinon,
tu me connais... tu sais que Potemkin n'a jamais menacé
en vain.

MOURAVIEFF.

Oui, général.

POTEMKIN, montrant la porte secrète par laquelle est sortie
l'impératrice.

Tu vas passer par cette porte.

MOURAVIEFF.

Oui, général.

POTEMKIN.

Au bout d'un long corridor, tu trouveras un factionnaire
qui te dira : Halte-là !

MOURAVIEFF.

Oui, général.

POTEMKIN.

Tu répondras par ces trois mots d'ordre : *Courage, Cosaque et Constantinople.*

MOURAVIEFF.

Oui, général.

POTEMKIN.

Répète-les.

MOURAVIEFF, hésitant.

*Courage, Cosaque et Constantinople.*

POTEMKIN.

A merveille ! il est plus ort en intelligence que je ne le
croyais. — Il te laissera passer ; tu te trouveras dans une
immense galerie où il y a des livres, des statues, des tableaux ; tu la traverseras sans rien regarder.

MOURAVIEFF.

Oui, général.

POTEMKIN.

Et tout à l'extrémité de cette galerie est une petite porte
en bronze dont voici la clef. Prends-la.

MOURAVIEFF.

Oui, général.

POTEMKIN.

Tu l'ouvriras ; tn entreras, tu refermeras sur toi deux
verroux en cuivre doré qui sont en dedans.

MOURAVIEFF.

Oui, général.

POTEMKIN.

Tu trouveras dans ce cabinet une femme en robe de velours nacarat, avec cinq gros diamans dans les cheveux.
Elle sera assise devant une table, occupée à travailler, ou
couchée sur un sofa.

MOURAVIEFF.

Oui, général.

POTEMKIN.

Elle te demandera qui tu es, d'où tu viens ? tu ne répondras pas ; et qu'elle y consente ou non, il faut qu'elle
soit à toi, qu'elle t'appartienne.

MOURAVIEFF, étonné.

Comment, général ?

POTEMKIN.

C'est la consigne ! Et elle aura beau sonner ou appeler,
ta consigne avant tout.

MOURAVIEFF.

Oui, général.

POTEMKIN.

Et si tu y manquais, demain le knout.

MOURAVIEFF.

Oui, général.

POTEMKIN.

Ce soir, ton congé et cinquante roubles ; entends-tu ?

MOURAVIEFF.

J'entends.

POTEMKIN.

Attention ! Fixe. — Pas accéléré, marche ! (Mouravieff sort
au pas accéléré par la petite porte à droite. Potemkin sort par
le fond et dit en riant : ) Dieu protége la Russie et l'impératrice !

Le soir du même jour à dix heures. — Un salon de l'Ermitage,
magnifiquement éclairé. —; Toute la cour est assemblée.

(Les ambassadeurs de Prusse et d'Angleterre causent avec la
comtesse Branitzka et d'autres dames. L'impératrice est assise
sur un divan, près de la cheminée ; sa tête est appuyée sur
sa main. — A côté d'elle est un jeune homme de vingt-cinq
ans, d'une figure charmante, le comte Momonoff, qui ne dit
rien et compte les rosaces du plafond. Le prince de Ligne est
debout, tournant le dos au feu, et parle avec vivacité à Catherine, qui l'écoute d'un air distrait et comme absorbée dans
ses réflexions. — Paraît Potemkin en uniforme très brillant :
il porte le grand cordon de l'ordre militaire de Saint-Georges,
d'autres ordres de l'empire, et le portrait de Catherine étincelant de diamans ; il entre la tête haute, adresse à la comtesse
Branitzka un sourire d'amitié, fait de la main un geste de
protection au comte Momonoff, et salue les ministres et les
ambassadeurs. Il s'avance près de l'impératrice, devant laquelle il s'incline en souriant et sans parler.)

CATHERINE.

Eh ! mon Dieu ! prince Potemkin, d'où vient cet air de
triomphe et de contentement ?

POTEMKIN.

Mon auguste souveraine est-elle satisfaite de sa journée ?

CATHERINE, le regardant d'un air étonné.

Que voulez-vous dire ?

POTEMKIN, appuyant sur ses mots.

J'espère que Votre Majesté n'a plus de *vœu* à former ?

CATHERINE.

Comment cela !

POTEMKIN, avec galanterie.

Il ne dépendra jamais de moi, du moins, que tous ses
désirs ne soient prévenus.

CATHERINE, souriant.

Eh quoi ! cela venait de vous !... J'aurais dû m'en douter. Il n'y a au monde que le prince Potemkin pour des surprises pareilles.

LE PRINCE DE LIGNE.

Qu'est-ce donc ?

LA COMTESSE BRANITZKA, regardant son oncle.

Quelque flatterie sans doute !

CATHERINE.

Précisément ! une galanterie d'une originalité et d'une
délicatesse dont personne n'aurait eu l'idée

LE PRINCE DE LIGNE, montrant Potemkin.

Il est bien heureux !

POTEMKIN, souriant.

Ce n'est pas moi qui l'ai été le plus.

LE COMTE MOMONOFF, naïvement.

Comment cela ?

CATHERINE, riant.

Oh ! vous, comte Momonoff, vous ne pouvez le savoir.
Je regrette seulement de ne pas le dire au prince de Ligne ;
j'en suis désolée, mais en vérité, c'est impossible.

LE PRINCE DE LIGNE.

Impossible ! c'est un mot que je croyais rayé du dictionnaire russe, depuis que Catherine est sur le trône.

CATHERINE.

D'aujourd'hui, en effet, je commence à le croire ; je n'ai qu'à parler pour être obéie ! — Prince Potemkin, avant notre partie de whist, je veux vous annoncer ce soir, et devant ces messieurs, que nous vous avons nommé au gouvernement général de la Crimée.

POTEMKIN, s'inclinant.

Ah ! madame !

LA COMTESSE BRANITZKA, bas à son oncle.

Ambitieux que vous êtes, vous voilà heureux !

POTEMKIN, à part.

Ce n'est pas sans peine ! jamais province n'a été plus difficile à conquérir.

CATHERINE, à Potemkin.

Approchez, prince, j'ai à vous parler. (Faisant signe aux autres personnes de s'éloigner.) Messieurs, de grâce, un instant.

LE PRINCE DE LIGNE.

Elle veut lui donner des instructions pour l'organisation de la Crimée.

L'AMBASSADEUR D'ANGLETERRE, avec assurance.

Ou plutôt elle lui dicte la réponse à ma note de ce matin.

LE COMTE MOMONOFF, timidement.

Je crois qu'elle lui fait part d'un plan de campagne contre la France, qu'elle est décidée à combattre.

LE PRINCE DE LIGNE.

Quelle femme étonnante ! quel génie !

L'AMBASSADEUR DE PRUSSE.

Quelle profondeur !

LE COMTE MOMONOFF, avec candeur.

C'est prodigieux !

POTEMKIN, riant et continuant la conversation.

Votre Majesté a donc été bien étonnée de voir ainsi ses souhaits réalisés ?

CATHERINE.

Mais, réalisés... jusqu'à un certain point.

POTEMKIN, sévèrement.

Est-ce que mes ordres n'auraient pas été rigoureusement exécutés ? est-ce qu'il aurait osé manquer à la consigne que je lui avais donnée ?

CATHERINE, vivement.

Non pas ! non pas ! Le pauvre garçon ! il n'y a pas de sa faute, mais de la mienne peut-être.

POTEMKIN.

Comment cela ?

CATHERINE.

Oh ! c'est que d'abord j'étais furieuse ; mais en le voyant braver mes menaces et ma colère avec tant d'audace et d'intrépidité... (car il n'y a vraiment que le soldat russe pour un sang-froid pareil, et l'on est fière de commander à de tels hommes....)

POTEMKIN.

Eh bien ?

CATHERINE, avec embarras et cherchant ses expressions.

Eh bien ! il m'a intéressée malgré moi ; mon courroux s'est dissipé. Enfin... que vous dirais-je ? je crois vraiment que mon vœu est encore à se réaliser.

POTEMKIN, riant.

Je vois alors, et quoi qu'on ose tenter, que la majesté royale est décidément... inviolable ! !

FIN DE POTEMKIN.

# LE TÊTE-A-TÊTE

## OÙ TRENTE LIEUES EN POSTE.

———◆———

grande route de Paris -entre le village de Conflans et celui de Carrières Une calèche de voyage attelée de deux chevaux est arrêtée près d'une Madone qui est au bord du chemin. — Le postillon est à cheval et siffle un petit air. Un jeune homme, habillé dans le dernier goût et enveloppé d'un manteau, se promène sur la grande route, et regarde tantôt à sa montre, tantôt du côté de Paris.

**EDMOND.**

Je ne vois rien ! elle ne vient pas ! (Avec impatience.) Elle ne viendra pas ! Postillon, quelle heure est-il ?

**LE POSTILLON.**

Cinq heures viennent de sonner à Conflans.

**EDMOND.**

Il n'est encore que cela ! attendons. Je ne puis rester en place. (Il se promène en long et en large sur la grande route.) J'ai beau marcher à grands pas, l'aiguille n'en va pas plus vite. Et comment tuer le temps ? (S'arrêtant près de la calèche.) Postillon, quel est ce beau château dont le parc s'étend jusqu'ici ?

**LE POSTILLON.**

Le château de Bercy, qui appartient à monsieur de Nicolaï.

**EDMOND.**

Et ce grand bâtiment non loin de la rivière ?

**LE POSTILLON.**

La maison de campagne de l'archevêque, et à côté le séminaire. Ils sont là une bande de malins, des espiègles qui s'en donnent joliment.

**EDMOND.**

Qui ? les séminaristes ?... Tu connais cela ?

**LE POSTILLON.**

Je crois bien, il y en a partout, et heureusement, car toutes les routes qui conduisent chez eux sont toujours soignées et réparées ; il n'y a pas à craindre que l'ingénieur du département s'avise de les négliger ; ce qui est bien propice tout de même pour les chevaux de poste.

**EDMOND.**

Certainement,

**LE POSTILLON.**

Dans celui-ci... le séminaire de Conflans... j'y ai une connaissance, le neveu à Jean-Louis le grainetier, qui vient d'y entrer. Logé, nourri, et rien à faire... c'est un meilleur état que celui de postillon.

**EDMOND**, sans l'écouter et regardant sa montre.

Je n'y conçois rien ; il faut que ma montre soit arrêtée.., Postillon, quelle heure est-il ?

**LE POSTILLON.**

Parbleu ! v'là trois fois que vous me le demandez... le quart sonne ; et tenez, v'là les corbeaux qui sortent... C'est le séminaire qui se rend à matines, ou à quelque chose comme ça. (Parlant à son cheval.) Ohé ! ohé ! petit gris !... sacredié ! veux-tu te tenir ?... Il a toujours peur quand il les voit. Otez donc vot' chapeau, not' bourgeois.

**EDMOND.**

Et pourquoi donc ?... devant le neveu à Jean-Louis le grainetier ?

**LE POSTILLON.**

C'est égal, je l'i ôte toujours. Hein ! en v'là-t-il !... sont-ils gros et gras ! tous jeunes gens ! Quels beaux soldats ça aurait fait pour Alger !

**EDMOND**, regardant du côté de Paris.

Je crois que j'aperçois un fiacre... oui, vraiment. Dieu ! qu'il va lentement !

**LE POSTILLON.**

C'est son état, comme le nôtre est de courir la poste : chacun lo sien. Mais dites donc, monsieur, est-ce que vous comptez que je vais rester ici en faction jusqu'à ce soir ?

**EDMOND.**

Je t'ai dit que je te paierais une poste de plus.

**LE POSTILLON.**

C'est différent.

**EDMOND.**

Le fiacre approche... je ne me trompe pas .. je l'ai aperçue ; c'est elle. (Courant au devant de la voiture qu'il va ouvrir.) Mathilde, Mathilde, c'est bien vous ! (L'aidant à descendre.) Ne craignez rien, ne tremblez pas ainsi,

**MATHILDE.**

Soutenez-moi, je n'ai pas la force de marcher.

**EDMOND.**

Quelle pâleur ! qu'avez-vous ?

**MATHILDE.**

Je me sens mourir. (Apercevant la Madone qui est au bord de la route.) Mon Dieu ! mon Dieu ! protégez-moi. Edmond, je suis venue parce que je vous l'avais promis, et pour ne pas manquer à ma parole... Maintenant, laissez-moi retourner à Paris.

**EDMOND.**

Renoncer à vous ! jamais.

**MATHILDE.**

J'ai mal fait, le ciel m'en punira : je ne dois pas vous suivre.

**EDMOND.**

Et comment faire maintenant ? Comment pourriez-vous rentrer à l'hôtel ? Le sort en est jeté ; fiez-vous à moi et à mon amour. Ma calèche est là qui nous attend, et dans quelques heures nous serons à l'abri des poursuites.

**MATHILDE.**

Vous croyez donc qu'on peut nous poursuivre, que quelque danger nous menace ?

**EDMOND.**

Moi, du moins.

**MATHILDE.**

Ah ! venez alors, venez ; plutôt me perdre que de vous poser.

**EDMOND.**

Combien je suis heureux ! (Il la soutient jusqu'à la calèche, l'aide à y monter, s'y élance après elle.) Postillon, partez !

**LE POSTILLON.**

Oui, monsieur. (A son cheval.) En route, p'tit gris !

(Il fait claquer son fouet, la calèche part au grand galop. Mathilde, la tête cachée dans son mouchoir, reste quelque temps sans rien dire.)

**EDMOND.**

Mathilde, vous êtes à moi, rien ne peut plus nous séparer ! Pourquoi pleurer ainsi ? vous n'êtes pas raisonnable.

**MATHILDE.**

Jamais mon père ne me pardonnera.

**EDMOND.**

Et pourquoi donc ? il est si bon ! il vous aime ; et quand nous serons arrivés en Italie, quand nous y serons mariés, il oubliera tout. Je n'ai pas son immense fortune, il est vrai ; mais j'ai un nom, de la naissance, et j'ai tant d'amour pour vous !

**MATHILDE.**

Ah ! sans cela, Edmond, croyez-vous que jamais j'aurais pu me décider à une pareille démarche ?

**EDMOND.**

Il le fallait, ou vous m'étiez ravie. Votre tante vous entrainait loin de la capitale, dans sa terre près de Lyon, et là sans doute un autre mariage...

**MATHILDE.**

Jamais je n'y aurais consenti. Vous ne me connaissez pas ; je n'ai que seize ans, mais j'ai du caractère, et les sermens que j'ai faits, je les tiendrai jusqu'au tombeau.

**EDMOND.**

C'est comme moi, vivre et mourir avec vous

**MATHILDE, avec exaltation.**

Toujours, n'est-il pas vrai ?

**EDMOND.**

Toujours.

**LE POSTILLON, s'arrêtant, faisant claquer son fouet.**

Ohé ! ohé ! deux chevaux et les harnais. (Descendant de cheval.) J'espère, mon bourgeois, que je vous ai mené bon train.

**MATHILDE.**

Où sommes-nous ?

**LE POSTILLON.**

A Charenton... La première poste. (Otant son chapeau.) Vous savez, mon bourgeois, qu'il y a poste royale.

**EDMOND.**

Certainement. Voilà pour toi, et dis qu'on se dépêche.

**LE POSTILLON, à part.**

Diable ! cent sous de guides... Le bourgeois est généreux.

**EDMOND, à demi-voix.**

Et sois discret.

**LE POSTILLON.**

Oui, monseigneur. (A l'autre postillon qui met ses bottes.) Allons, Théophile, allons, feignant, un peu d'intensité ! (A demi-voix.) C'est un prince étranger qui enlève la fille d'un banquier.

**DEUXIÈME POSTILLON.**

Vraiment ?

**PREMIER POSTILLON.**

Cent sous de guides.

**DEUXIÈME POSTILLON.**

Faut qu'il soit bien amoureux ! (Montant à cheval.) En route !

**EDMOND.**

J'aurai peur tant que nous serons dans les environs de Paris. Heureusement il est de bon matin... à peine six heures... Postillon, quel est le village où nous entrons ?

**LE POSTILLON, toujours trottant.**

Le village de Maisons.

**EDMOND.**

Enchanté de faire sa connaissance ! (A Mathilde.) Y êtes-vous jamais venue ?

**MATHILDE.**

Une fois ou deux.

**EDMOND.**

Il n'en finit pas ! Enfin nous en voilà dehors. Regardez donc à gauche, au bord de la route, un château de belle apparence. Postillon, à qui appartient-il ? à quelque fournisseur ?

**LE POSTILLON.**

Au contraire, monseigneur, c'est à de braves et honnêtes gens, à un ancien magistrat.

**MATHILDE, se retirant au fond de la voiture.**

Je sais qui c'est.

**EDMOND.**

Vous connaissez ?

**MATHILDE.**

Non, mais j'en ai entendu parler... C'est l'honneur, la vertu même... Prenez garde qu'ils ne m'aperçoivent,

#### EDMOND.

N'ayez pas peur, je ne vois personne sur cette immense et belle terrasse ; superbe allée, parc très-bien tenu... Nous voilà dans la plaine : allons, postillon . (Le postillon lance ses chevaux au galop, et la voiture roule rapidement sur un chemin superbe et par un beau soleil d'octobre.) Maintenant, ma chère Mathilde, que vous voilà un peu rassurée, dites-moi comment vous avez pu sortir de votre pensionnat et de chez votre père, car je n'osais l'espérer, et je ne le conçois pas encore.

#### MATHILDE.

Oh ! j'en ai bien long à vous dire, car jamais nous n'avons pu parler plus de cinq minutes, et si mon bavardage de petite fille ne vous ennuie pas...

#### EDMOND.

Comment donc !

#### MATHILDE.

D'abord, mon premier malheur est d'avoir perdu ma mère lorsque j'étais encore enfant. Mon père, qui était négociant à Lyon, et qui y demeurait avec sa sœur et toute sa famille, vint, contre l'avis de ma tante, s'établir à Paris, exprès pour me donner une brillante éducation, et puis aussi pour faire des affaires. Dans ce dernier dessein du moins il a réussi, car il est devenu très riche, à ce qu'on dit.

#### EDMOND.

Je le crois bien : un des premiers capitalistes de France!

#### MATHILDE.

Quant à moi, qu'il avait placée dans un beau pensionnat, il venait rarement me voir, et ne me faisait presque jamais sortir ; aussi je m'ennuyais beaucoup. Heureusement, je m'étais liée avec Corinne d'Esparville, une jeune comtesse qui devint mon amie intime ; elle était plus grande et plus âgée que moi, elle me donnait des conseils... Nous ne nous quittions pas. Nous avions trouvé une clef de la bibliothèque de madame.

#### EDMOND.

Qu'est-ce que madame ?

#### MATHILDE.

Notre maîtresse de pension... On ne l'appelle jamais que comme cela... C'est connu.

#### EDMOND.

Je vous demande pardon.

#### MATHILDE.

Dans cette bibliothèque, il y avait des livres si amusans ! Puisque madame les avait, nous pouvions bien les lire ! Aussi c'était notre seul plaisir. Nous les emportions dans notre chambre ; il y en a que j'ai relus bien des fois.

#### EDMOND.

Et lesquels ?

#### MATHILDE.

*La Nouvelle Héloïse* et *Amélie Mansfield*. Oh ! que j'ai aimé Ernest de Waldemar !

#### EDMOND.

Que dites-vous ?

#### MATHILDE.

Ce fut ma première inclination ; j'y pensais le jour, et la nuit j'en rêvais. Je me disais : Quel bonheur d'être aimée de lui ! Fortune, famille, avenir, il me semblait que pour lui j'aurais tout sacrifié. J'avais même fait son portrait ; je me le représentais vaillant, noble, généreux... un sourire tendre et mélancolique, des yeux bleus et des cheveux noirs, et lorsqu'au bal de la distribution des prix vous êtes

venu m'inviter à danser... Vous rappelez-vous mon trouble et mon agitation ?

#### EDMOND.

Oui, vraiment.

#### MATHILDE.

C'est que j'ai trouvé que vous lui ressembliez.

#### EDMOND.

Est-il possible ?

#### MATHILDE.

Oh, mon Dieu ! oui, et depuis ce temps-là j'ai pensé à vous, et je n'ai plus pensé à lui, bien malgré moi ; car cela me faisait de la peine de lui être infidèle. Aussi, mon cœur serait peut-être revenu sans Corinne, à qui vous devez bien de la reconnaissance. Elle me parlait toujours de vous ; elle me disait : « Il est impossible qu'avec une physiono-» mie pareille, on ne soit pas aimable, brave, spirituel ; et » puis il est baron, j'en suis sûre. » Est-ce bien vrai ?

#### EDMOND.

Oui, sans doute.

#### MATHILDE.

Que vous dirais-je enfin ? A tous les exercices de la pension, vous étiez là. Quand par hasard je sortais avec mon père, dans toutes les maisons où nous allions, je vous rencontrais. Et cette lettre que vous m'avez remise en me donnant la main, je ne voulais pas la recevoir, je ne voulais pas la lire ; c'est Corinne qui l'a lue la première, et moi après, bien de fois ! Dans la solitude et le silence, ne m'occupant que de vous, votre image s'est peu à peu gravée dans mon cœur. Et voilà, monsieur, comment sans vous voir, et presque sans vous connaître, je vous ai aimé tout à fait.

#### EDMOND.

Chère Mathilde !...

#### MATHILDE

Alors... il y a à peu près quinze jours, madame de Bussières, ma tante, est arrivée de Lyon pour passer quelques jours à Paris, et mon père est venu me voir. « Mathilde, » m'a-t-il dit, tu as seize ans, tu ne peux rester en pension. » D'un autre côté, je veux entreprendre pour mes affaires » un voyage en Allemagne, où tu ne peux m'accompa- » gner ; tu partiras avec ta tante... elle veut bien t'emme- » ner avec elle dans une terre magnifique qu'elle a aux » environs de Lyon... Tu seras là en famille, avec ses en- » fans, et je désire que, parmi tes cousins, qu'on dit fort » aimables, il s'en trouve un qui parvienne à te plaire, et » qu'un jour je puisse nommer mon gendre. »

#### EDMOND.

Quand je le disais !

#### MATHILDE.

Que pouvais-je faire, sinon vous donner avis du danger qui me menaçait ? C'est alors que vous avez mis en avant ce projet de fuite en Italie dont je ne voulus pas entendre parler ; mais Corinne, qui est plus raisonnable que moi, prétendait qu'il n'y avait pas d'autre moyen, que c'était tout naturel, que toutes les jeunes personnes tyrannisées agissaient ainsi, et qu'elle avait deux cousines en Angleterre qui ne s'étaient pas mariées autrement. D'un autre côté, la crainte de ne plus vous voir, de quitter Paris, de m'ensevelir dans le fond d'une province... Enfin elle m'a décidée. Mais il restait à exécuter ce grand projet, et voici comment nous nous y sommes prises.

#### EDMOND.

Voyons cela.

#### MATHILDE.

Mon père devait partir hier, le 5, pour l'Allemagne, et

ma tante aujourd'hui, le 6, pour Lyon ; je vous l'avais écrit.

**EDMOND.**

La seule lettre que j'aie de vous. Elle est là sur mon cœur.

**MATHILDE.**

Et vous m'avez répondu que vous m'attendiez ce matin hors de la barrière de Paris, près de Conflans, avec une voiture de poste. Alors, d'après le conseil de Corinne, j'ai demandé à sortir de ma pension pour faire mes adieux à mon père, et ensuite à passer la nuit à l'hôtel, pour être prête à partir de bonne heure avec madame de Bussières.

**EDMOND.**

Y pensez-vous ?

**MATHILDE.**

Attendez donc. Dès que mon père, hier soir, a eu quitté Paris, j'ai écrit à ma tante que nous avions changé d'idée, que décidément je ne pouvais me séparer de mon père, qui m'emmenait avec lui, et qu'elle eût à partir seule ce matin.

**EDMOND.**

A merveille ! votre tante vous croit avec votre père, et votre père vous croit avec votre tante ; de sorte que d'ici à long temps la ruse ne se découvrira pas. Pour de petites pensionnaires, cela n'est pas trop mal arrangé.

**MATHILDE.**

N'est-ce pas ? Corinne a tant d'esprit ! mais moi, j'ai été bien des fois sur le point de renoncer à ce projet. Hier surtout, quand mon père m'a embrassée, j'ai fondu en larmes, j'ai manqué de tout lui avouer ; mais ce qui m'a retenue...

**EDMOND.**

C'est votre amour.

**MATHILDE.**

Oui, et puis la crainte que Corinne ne se moquât de moi ; sans cela... C'est si mal de les tromper ainsi ! ma tante qui m'a toujours aimée, qui voulait m'élever, me servir de seconde mère ; et mon père qui s'éloigne, que peut-être je ne verrai plus !... Mon Dieu ! que ce postillon va vite !

**EDMOND.**

Rassurez-vous... nous voici au relais !... Où sommes-nous ici ?

**LE POSTILLON,**

A Villeneuve-Saint-Georges. (Appelant un autre postillon.) Allons, Joli-Cœur, à cheval ! (S'approchant d'Edmond et ôtant son chapeau.) Si monseigneur veut régler le compte.

**EDMOND,** lui donnant de l'argent.

Tiens, et qu'on se dépêche.

**LE POSTILLON.**

Soyez tranquille. (Bas à son camarade.) Ne perds pas de temps ; ce sont des amoureux... (Montrant deux pièces de cinq francs.) et les roues sont bonnes.

**LE POSTILLON.**

C'est dit... (Faisant claquer son fouet.) En avant...

(Chantant à tue-tête.)

Et vogue la nacelle
Qui porte mes amours !...

(La calèche part au grand trot sur le pavé de Villeneuve-Saint-Georges.)

**EDMOND.**

Dieu ! quels cahots... Postillon, pas si vite... tu vas briser la voiture.

**LE POSTILLON.**

Ce n'est rien... Le pavé est comme ça jusqu'à l'ancienne maison de M. Boïeldieu. A dater de là, ce n'est plus qu'une roulade.

**MATHILDE.**

Ah ! Boïeldieu a demeuré ici ?

**LE POSTILLON.**

Oui, madame. Après le pont, la grille à droite,.. une jolie maison. J'ai été domestique chez lui ; et c'est là que j'ai pris le goût de l'opéra comique.

(Chantant à pleine voix.)

Lorsque mon maître est en voyage,
Ah ! c'est superbe en vérité.

**EDMOND.**

C'est bien ; mais tais-toi, car tu es cause que tout le monde nous regarde.

**LE POSTILLON,** chantant toujours.

La dame blanche vous regarde,
La dame blanche vous entend.

**EDMOND.**

Impossible de lui imposer silence. Heureusement nous voilà sur la grande route.

**MATHILDE.**

Que cet air pur, ce beau soleil me font de bien ! Regardez donc, au-dessus de nous, quelle jolie vallée ! quelle belle verdure !

**EDMOND.**

J'ai vu au Diorama quelque chose dans ce genre-là. Une vallée de Daguerre ou de Bouton, je ne sais plus laquelle.

**MATHILDE.**

Qu'il serait doux de passer ici sa vie ! Postillon, quel est cet endroit ?

**LE POSTILLON.**

Montgeron, où nous allons arriver.

**MATHILDE.**

Non, ce bas-fond, à gauche.

**LE POSTILLON.**

C'est Crosne, et la rivière d'Yères.

**MATHILDE.**

Edmond, est-ce que ces rians ombrages, cette belle nature ne vous disent rien ?

**EDMOND.**

Pardon, je ne regardais pas. Je tiens peu à la nature, je ne tiens qu'à vous.

**LE POSTILLON,** chantant.

Et toujours la nature
Embellit la beauté.

**EDMOND.**

Te tairas-tu !... Impossible de me faire entendre... Le voilà au galop dans la rue de Montgeron.

**MATHILDE.**

Grâce au ciel, nous en sommes dehors ! Quels sont ces arbres que j'aperçois de loin ?

**LE POSTILLON.**

A gauche, la propriété du général Dupont-Chaumont, et devant vous la forêt de Sénart.

**EDMOND.**

Ah ! c'est là la forêt de Sénart ?

**MATHILDE.**

Vous ne la connaissez pas ?

**EDMOND.**

Moi, je n'ai jamais voyagé ; et, en fait de forêts, je n'ai jamais été plus loin que les bois de Meudon. Aurez-vous peur, Mathilde ?

**MATHILDE, avec tendresse.**

Non... je serai avec vous.

**EDMOND**

Et s'il y a des brigands ?

**MATHILDE, avec exaltation.**

Je le voudrais presque, pour que vous pussiez me défendre.

**EDMOND.**

Je vous en remercie. Mais la matinée avance ; vous n'avez pas faim ?

**MATHILDE.**

Non, et vous ?

**EDMOND.**

Cela commence.

**MATHILDE, d'un ton de reproche.**

Quoi ! nous sommes tous les deux près l'un de l'autre, et vous y pensez ?

**EDMOND.**

Mais oui. Ordinairement, je me déjeune qu'à onze heures, au café Tortoni : c'est ma seule occupation de la matinée ; mais aujourd'hui, j'étais éveillé à cinq heures du matin, ce qui ne m'arrive jamais.

**MATHILDE.**

Moi, tous les jours.

**EDMOND.**

Et l'exercice et le grand air donnent de l'appétit. Voyons un peu, sur le livre de poste, où nous pourrons nous arrêter pour déjeuner.

**MATHILDE.**

Où vous voudrez ; peu m'importe.

**EDMOND.**

Ce n'est pas indifférent, car, en voyage, je ne connais rien de plus important que le déjeuner, si ce n'est le dîner, et je ne vois d'endroit passable que Melun.

**MATHILDE.**

Soit.

**EDMOND.**

Nous y serons sur les dix heures ; nous y resterons jusqu'à onze ; et ce soir, si je calcule bien les distances, nous pourrons, sans nous fatiguer, souper à Sens.

**MATHILDE.**

A Sens, dites-vous ?

**EDMOND.**

Oui, à peu près trente lieues de Paris.

**MATHILDE.**

Ah ! mon Dieu !

**EDMOND.**

Qu'avez-vous donc ?

**MATHILDE.**

Je me souviens que ma tante va à Lyon par Auxerre. Je vous l'avais écrit.

**EDMOND.**

C'est vrai.

**MATHILDE.**

Et qu'elle couche toujours à Sens le premier jour.

**EDMOND.**

En êtes-vous sûre ?

**MATHILDE.**

A l'auberge de l'Écu de France. Je ne peux pas en douter, car elle a écrit avant-hier pour y retenir son logement. Elle est donc en ce moment sur la même route que nous.

**EDMOND.**

C'est cependant celle de l'Italie. On me l'a bien dit.

**MATHILDE, avec impatience.**

Mais c'est aussi celle de Lyon.

**EDMOND.**

Vous croyez ?

**MATHILDE.**

Certainement.

**EDMOND.**

Alors c'est qu'il n'y a pas d'autres chemins ; ce n'est pas notre faute. N'est-ce pas, postillon, il n'y a qué cette route-ci pour aller en Italie ?

**LE POSTILLON.**

Si, monseigneur, il y en une par le Bourbonnais, et peut-être d'autres encore.

**MATHILDE.**

Vous voyez.

**EDMOND.**

Est-ce que je savais cela ?

**MATHILDE.**

Un homme doit le savoir.

**EDMOND.**

Vous qui sortez de pension, à la bonne heure ; mais nous autres gens à la mode, pourvu que nous connaissions les allées du bois de Boulogne, c'est tout ce qu'il faut pour conduire en tilbury. Madrid, Bagatelle, le rond de Mortemart et l'allée Fortunée, nous ne sortons pas de là. Mais rassurez-vous.

**MATHILDE.**

Me rassurer... quand la voiture de ma tante peut rencontrer la nôtre... quand on peut me reconnaître, me voir avec vous !... J'en mourrais de honte.

**EDMOND.**

Impossible qu'elle nous rencontre. D'abord nous sommes partis de Paris les premiers. Nous avons de l'avance. Je viens de lire les lois de la poste. Une voiture ne peut pas dépasser celle qui la précède ; c'est défendu par le règlement.

**MATHILDE.**

Mais si elle parvenait à nous rejoindre, à marcher près de nous ?

**EDMOND.**

Alors c'est moi qui lui permettrais de passer devant ; et en fermant la calèche, en vous enveloppant dans votre voile, dans votre pelisse, qui voulez-vous qui vous reconnaisse ? Qui oserait d'ailleurs, quand je suis là, venir regarder dans ma voiture ?

**MATHILDE.**

Il faut donc que je me rassure ?

EDMOND.

Certainement.

MATHILDE.

Je ne demande pas mieux; car cette idée seule me faisait une peur...

LE POSTILLON, faisant claquer son fouet et chantant à tue-tête.

Sonnez, sonnez, cornemuse et musette!

Nous voici arrivés au relais. (Appelant.) Ohé! postillon de malheur!... deux chevaux de calèche.

L'AUTRE POSTILLON, attelant.

Tu es bien heureux d'être gai et de chanter toujours. (Montant à cheval.) Moi, je n'en ai guère envie... Mes pauvres chevaux sont si éreintés, que ça me fend le cœur. (Leur allongeant un grand coup de fouet.) Hu! Blanchet! (La calèche part au trot.) Je ne sais comment not' bourgeois a le cœur de faire courir des bêtes qui sont dans cet état-là... Hu! donc!... (Second coup de fouet.) Ces maîtres de poste sont si avides, que pour avoir une course de plus... Hu! donc, Blanchet!.. (Troisième coup de fouet suivi de plusieurs autres.) Tu sens bien que trois francs de guides, c'est gentil, et qu'il faut les gagner.

MATHILDE.

Postillon, quel est ce village où nous venons de relayer?

LE POSTILLON.

Lieusaint.

MATHILDE.

Quoi! nous étions à Lieusaint, dans la forêt de Sénart! C'est l'endroit où Henri IV est venu dîner chez le meunier Michaud.

EDMOND.

Ah! vraiment!

MATHILDE.

N'avez-vous pas vu la Partie de chasse de Henri IV?

EDMOND.

Oui, oui... une comédie, aux Français; mais on ne la donne jamais que les jours de gratis, et je n'y vais pas ces jours-là. N'est-ce pas mademoiselle Mars qui joue la belle Gabrielle?

MATHILDE.

Gabrielle? Non, elle ne paraît pas dans la pièce.

EDMOND.

Tant pis. Moi, ce que j'aime le mieux dans l'histoire de Henri IV, c'est la belle Gabrielle. Si j'avais vécu de son temps, je l'aurais adorée.

MATHILDE.

Fi, monsieur!

EDMOND.

Comme vous aimiez Ernest de Waldemar.

MATHILDE.

Quelle différence!

EDMOND.

Elle est toute à votre avantage, je le sais; car à coup sûr Gabrielle ne vous valait pas... Elle était loin, je le parierais, d'avoir ces yeux si brillans et si expressifs, cette jolie main, et surtout cette taille divine.

MATHILDE.

Monsieur... y pensez-vous?

EDMOND.

Pourquoi repousser l'amant le plus tendre et le plus respectueux?... N'êtes-vous pas à moi... toute à moi?

MATHILDE, effrayée.

Non... De grâce, éloignez-vous... Ne soyez pas aussi près de moi... Vous m'avez promis de me conduire en Italie; et là nous devons être unis. J'ai vos sermens; les avez-vous déjà oubliés?

EDMOND.

Non, sans doute... C'est mon désir et mon espoir le plus cher; mais d'ici là me refuserez-vous la grâce que je vous demande?... Mathilde, mon amie... un seul baiser.

MATHILDE.

Jamais. Quant vous me parlez ainsi, vous me faites peur.

EDMOND.

Eh bien! du moins ne me retirez pas cette main que je presse sur mon cœur.

MATHILDE, la retirant avec force.

Non, ce n'est pas là ce que vous m'avez promis, ce que j'espérais de vous; et si vous ne changez à l'instant de ton et de manière... je sens que je vous hais, que je vous déteste.

EDMOND.

Pardon, pardon! Comment conserver sa tête et sa raison près d'une femme que l'on adore? l'amour ne doit-il pas excuser les fautes qu'il fait commettre? Mathilde, m'en voulez-vous encore?

MATHILDE.

Je ne sais... mais restez loin de moi, de l'autre côté de la voiture.

EDMOND.

Vous ne me pardonnez pas!

MATHILDE.

Cela dépendra de vous. Je verrai...

EDMOND.

Quoi! mon amour et ma tendresse...

MATHILDE.

Je ne veux plus entendre ce mot-là, et j'exige d'abord que vous ne m'en parliez plus.

EDMOND.

Et de quoi alors vous parler?

MATHILDE, avec impatience.

De ce que vous voudrez... de toute autre chose... Vous est-il donc impossible sans cela d'être aimable?

EDMOND.

Non, sans doute.

MATHILDE.

Eh bien! soyez-le.

EDMOND, embarrassé.

Soyez-le... soyez-le... c'est bien aisé à dire. Encore faut-il un sujet.

MATHILDE, froidement.

Ils sont tous à votre disposition. (Grand moment de silence.) Eh bien! monsieur?

EDMOND.

Eh bien! mademoiselle, je ne sais plus ce que vous me demandiez. Moi, je n'ai pas l'habitude de faire de l'esprit en courant la poste. Et tenez, tenez, voici, grâce au ciel, les clochers de Melun. (A part.) Ce n'est pas malheureux.

LE POSTILLON.

Monsieur va-t-il à la poste ou à l'auberge?

EDMOND.

A l'auberge, et à la meilleure. (A Mathilde.) N'est-ce pas?

**MATHILDE.**

Y pensez-vous ? nous arrêter ici quand ma tante est peut-être à une lieue de nous, et quand le moindre retard peut nous faire perdre l'avance que nous avons sur elle !

**EDMOND, avec humeur.**

Il faut cependant déjeuner... car enfin ne pas dormir, ne pas manger, c'est le moyen de se rendre malade.

**MATHILDE, sèchement.**

Peu m'importe !

**EDMOND, se reprenant.**

Ce que j'en dis, c'est pour vous.

**MATHILDE.**

Cela m'est égal, je n'ai besoin de rien.

**EDMOND.**

C'est fort heureux, mais moi...

**MATHILDE.**

Vous déjeunerez en route. Dites au postillon d'arrêter.

**EDMOND.**

Comme vous voudrez. (A part.) C'est fort agréable ! douze lieues sans sortir de voiture... Je suis déjà brisé. (Haut. Postillon, j'ai changé d'idée ; à la poste !...

**MATHILDE.**

Voici justement des femmes qui viennent vous offrir dans leurs corbeilles des gâteaux et des fruits.

**HOMMES ET FEMMES DU PEUPLE**, entourant la voiture pendant qu'on relaie.

Mon beau monsieur, — ma belle dame, — étrennez-moi. — Des gâteaux tous chauds, — ils sortent du four. — Des belles poires de beurré, — du beau chasselas... vrai Fontainebleau.

**EDMOND.**

Oui, du Fontainebleau sur la route de Melun, ce n'est pas le chemin.

**LA MARCHANDE.**

Il est bien mûr, goûtez-y plutôt.

**EDMOND, en mangeant avec du pain.**

Véritable verjus... Avec un peu d'estragon, cela ferait d'excellent vinaigre d'Orléans. Moi qui déjeune toujours avec des rognons à la brochette ou des coquilles à la financière.

**MATHILDE, avec ironie.**

Voilà un grand malheur...

**EDMOND, avec humeur.**

Non, mais j'y suis habitué, et il est toujours pénible de changer ses habitudes. (Avec impatience au postillon, qui s'approche le chapeau bas.) Qu'est-ce qu'il veut encore celui-là ?

**LE POSTILLON.**

Une poste trois quarts, mon bourgeois.

**EDMOND, lui jetant de l'argent.**

Encore être dérangé ! poste trois quarts... Huit francs soixante-quinze centimes. Tiens, voilà dix francs ; c'est un franc vingt-cinq de payé.

**LE POSTILLON.**

Huit francs soixante-quinze ! ça ne mettrait pas les guides qu'à quarante sous. Je croyais que monsieur donnait trois francs... Mon camarade me l'a dit.

**EDMOND, brusquement.**

Oui, quand je suis content.

**LE POSTILLON.**

Il me semble que monsieur doit l'être.

**EDMOND.**

Joliment ! avec un déjeuner pareil. (S'adressant au second postillon.) Allons, à cheval.

**PREMIER POSTILLON, à part.**

Il paraît qu'il n'est pas si amoureux qu'à l'autre relais.

**EDMOND, criant au deuxième postillon, qui est déjà prêt à partir.**

Un franc vingt-cinq de payé.

**PREMIER POSTILLON.**

Vous me les laisserez bien pour boire !

**EDMOND, avec colère.**

Du tout, (Criant à l'autre postillon.) et en route !

**PREMIER POSTILLON.**

Ah ! mon bourgeois...

**MATHILDE, avec impatience.**

Eh ! monsieur, donnez-les-lui, et qu'il se taise.

**EDMOND, avec emportement.**

Mon Dieu ! ce n'est pas pour la valeur ; mais si on se laisse faire la loi par ces gens-là... (Au postillon.) Laissez-nous en repos. (A l'autre postillon qui est à cheval.) En route et bon train.

**PREMIER POSTILLON, à son camarade au moment où la voiture part.**

Va à ton aise... Ne faut-il pas tant se presser pour un commis voyageur qui enlève une danseuse ?

**EDMOND, mettant la tête hors de la voiture.**

Qu'est-ce qu'il a dit ?

**MATHILDE, toute rouge de colère.**

Vous l'entendez, monsieur ; m'exposer à un affront !

**EDMOND, pendant que la voiture roule.**

Postillon, arrêtez... je veux apprendre à vivre à ce drôle, votre camarade.

**MATHILDE.**

Eh ! monsieur, il est inutile de vous arrêter pour cela, et de nous retarder encore.

**EDMOND.**

Malheureusement, on ne peut pas se commettre avec une espèce pareille ; sans cela j'aurais été trop heureux de le châtier comme il le mérite... mais c'est une leçon pour l'avenir. J'ai été trop généreux avec eux, et désormais je les paierai selon la nouvelle ordonnance, un franc cinquante centimes.

**MATHILDE.**

Pour qu'ils vous injurient encore.

**EDMOND, s'échauffant.**

Je voudrais bien le voir. Qu'ils s'en avisent, je m'en plaindrai à monsieur de Villeneuve, le directeur-général, avec qui j'ai dîné chez monsieur de Montbel. Que diable ! un franc cinquante centimes, c'est très raisonnable ; et puis c'est le réglement de poste, c'est la loi ; et sous un gouvernement constitutionnel je ne connais que la loi, il faut la faire exécuter.

**MATHILDE**, avec ironie.

Vous avez raison, on y gagne toujours.

**EDMOND**, s'échauffant.

Comme vous dites ! (Après un instant de silence·) C'est une vilaine ville que Melun.

**MATHILDE**, froidement.

Très vilaine.

**EDMOND.**

Et on n'en sort pas comme on veut. Voyez donc quelle montée ! elle n'en finira pas.

**MATHILDE.**

Oui ; et la voiture va si doucement...

(Elle bâille.)

**EDMOND.**

Qu'on s'endormirait. Je vois que vous en avez envie.

**MATHILDE**, bâillant plus fort.

C'est possible.

**EDMOND.**

Ne vous gênez pas. (A part.) Je l'aime autant ; cela me dispensera de faire la conversation. (La regardant pendant qu'elle s'endort) Elle est jolie ainsi... figure charmante, air distingué, et une tête si romanesque !... c'est délicieux. Par exemple, un peu bégueule et volontaire... Ce n'est pas a faute ; on les élève si mal dans ces pensionnats... Heureusement elle n'a encore que seize ans, et quand elle sera ma femme, je referai nso éducation, parce que si elle a des défauts, elle a aussi des qualités solides : deux cent mille livres de rente pour le moins. Aussi depuis un an je n'ai épargné ni mes soins ni ma peine. (Bâillant.) Les héritières deviennent si rares maintenant ! Les pairs de France nous les enlèvent toutes ; et comme dans la vie on n'a jamais qu'une occasion de faire fortune, si on ne la saisit point... (Fermant les yeux.) Non pas que je sois dissipateur ou dépensier, moi ; j'ai pour l'argent une affection désintéressée : je l'aime pour lui-même, et j'ai de la peine à m'en détacher. Cependant, quand j'aurai deux cent mille livres de rente, il faudra bien se montrer. (Commençant à s'endormir.) Vont-ils être étonnés au café Tortoni ! Je leur donnerai à dîner une fois par semaine ; j'achèterai le petit hôtel de la rue Chantereine ; c'est un bon placement ; et le landau dont Thérigny veut se défaire, il n'a pas servi... et je l'achèterai... comme d'oc...casion.

(Il s'assoupit ; la calèche continue à rouler pendant plusieurs lieues, et les deux amans dorment à côté l'un de l'autre. Edmond s'éveille seulement aux relais du Châtelet, de Panfou et de Fossard, pour payer les postillons selon l'ordonnance, ce qui les fait murmurer.)

**MATHILDE**, s'éveillant à un juron très-prononcé du postillon.

Qu'est-ce ?... Qu'y a-t-il ?

**EDMOND.**

Rien, chère amie... dormez toujours, je vous éveillerai quand il y aura quelque chose de remarquable, quelque beau point de vue. (A part lui.) Il est temps que nous arrivions, car je suis rompu. C'est si ennuyeux d'être enfermé toute une journée dans une boîte roulante ! Postillon, à combien sommes-nous de Paris ?

**LE POSTILLON.**

Vingt-deux à vingt-trois lieues.

**EDMOND.**

Que cela !

**LE POSTILLON.**

Nous serons à Montereau dans une petite demi-heure, et du haut de la montagne vous verrez, avant le coucher du soleil, la descente, qui est magnifique.

**EDMOND.**

C'est bon, c'est bon... va toujours ; il ne faut pas que cela t'arrête.

(La voiture continue à rouler.)

**MATHILDE**, rêvant.

Ma tante ! mon père ! me pardonnerez-vous ?

**EDMOND.**

La voilà dans des rêves de famille.

**MATHILDE.**

Mon père ! mon père !... (S'éveillant.) Où suis-je ?

**EDMOND.**

Près de moi, chère amie.

**MATHILDE.**

Ah ! c'est vous, monsieur ?

**EDMOND.**

Oui... et nous approchons de Montereau.

**MATHILDE.**

De Montereau !... C'est là, si je m'en souviens, que ma tante m'a dit qu'un de ses fils avait été blessé. (Regardant le paysage qui l'entoure.) Ah ! monsieur, monsieur, regardez donc... (Avec enthousiasme.) Quelle admirable vue ! quel magnifique tableau ! cette ville qui est là sous nos pieds... ces superbes prairies où serpentent ces eaux qu'on retrouve à chaque instant et qui animent le paysage !

**EDMOND.**

Quelle est cette rivière ?

**MATHILDE.**

Cette rivière ?... Il y en a deux.

**EDMOND.**

Deux à la fois !... c'est du luxe. Et lesquelles ?

**MATHILDE.**

C'est dans toutes nos géographies ; l'Yonne et la Seine, qui se rejoignent à Montereau. Ne le savez-vous pas ?

**EDMOND.**

Non, ma foi !

**MATHILDE.**

Postillon, pas si vite ; arrêtez... que je contemple encore ce spectacle.

**LE POSTILLON.**

N'est-ce pas que c'est beau ? c'est sur la hauteur où vous êtes qu'était l'armée française quand les autres sont venus nous attaquer.

**MATHILDE**, écoutant avec intérêt.

Vraiment ?

**LE POSTILLON.**

Vous voyez cet arbre qui a été coupé par les boulets... il n'en reste maintenant que le tronc.

**MATHILDE.**

C'est peut-être là que mon cousin a été blessé.

**LE POSTILLON.**

Voilà justement où était l'autre avec sa redingote grise et sa lunette d'approche.

**EDMOND.**

Qui ?... Bonaparte ?

**MATHILDE**, avec chaleur.

Oui, l'empereur... c'est là qu'il luttait seul contre toute l'Europe coalisée.

**LE POSTILLON.**

Les Autrichiens au devant du pont... et quand les batteries françaises ont commencé à ronfler, (S'échauffant) fallait voir comme ils ont dégringolé... comme ils ont repassé le pont, ces chiens de *Kaiserlics*... Et quand le prince de Wurtemberg et sa cavalerie se dispersaient dans la plaine...

**MATHILDE**, s'animant.

Que ce devait être beau !... je crois les voir d'ici... et vous, vous les avez vus réellement ?

**LE POSTILLON.**

Mieux que ça... j'y étais... dont j'ai eu l'honneur de recevoir un biscaïen dans la jambe... ce qui m'empêche d'aller à pied... voilà pourquoi je suis à cheval... Ne vous penchez pas comme ça, ma belle damé... la descente est rapide, et j'ai peine à retenir mes chevaux... Ohaï... ohaï ! Quoiqu'il soit bien vieux... mon bricolier a trop d'ardeur... C'est un ancien hussard de la garde... Doucement, doucement, Marengo, il n'y a pas de bon sens pour un vieillard d'âge comme toi... La... la... il n'y a plus de danger... Nous voilà sur le pont... un fameux pont, qui n'est pas fait d'hier.

**EDMOND.**

On le voit... il est assez vieux.

**MATHILDE.**

Je le crois bien... le pont de Montereau! (A Edmond.) C'est là que le duc de Bourgogne, que Jean-sans-Peur a été assassiné... N'est-ce pas ?

**EDMOND.**

C'est possible... (A part.) Est-ce ennuyeux de voyager avec une femme savante!...

**MATHILDE**, à part.

Quel ennui de voyager avec quelqu'un qui ne sent rien et qui ne sait rien !

(Elle garde le silence et reste plongée dans ses réflexions. Edmond a aussi l'air de méditer, mais il ne pense à rien, et fredonne un air de la *Gazza*. La calèche roule toujours, et on arrive au relais de Villeneuve-la-Guyard. Même silence jusqu'à celui de Pont-sur-Yonne.)

**EDMOND**, sautant à bas de la voiture.

Quel bonheur! j'ai cru que ce dernier relais n'en finirait pas. (A un postillon qui est assis tranquillement sur un banc devant la porte.) Eh bien! tu ne nous vois pas arriver? nous sommes pressés ; vite des chevaux!

**LE POSTILLON**, tranquillement.

Il n'y en a pas.

**EDMOND.**

Comment, pas de chevaux?

**LE POSTILLON.**

Il a passé, il y a trois heures, une famille anglaise, trois voitures de poste, dont une pour les femmes de chambre, et l'autre pour les chiens de chasse.

**EDMOND.**

Qu'est-ce que cela signifie?

**UN JEUNE HOMME**, en redingote, assis près du postillon et fumant un cigare.

Qu'il vous a dit vrai, monsieur... Il n'y a plus de chevaux; mais ils vont revenir d'un instant à l'autre, et vous les aurez.

**EDMOND.**

Croyez-vous que je sois votre dupe? Vous les gardez pour d'autres, et la preuve, c'est que j'en vois d'ici, dans votre écurie.

**LE POSTILLON.**

C'est pour le courrier de la malle, et ceux-là on ne peut en disposer.

**EDMOND**, d'un ton impérieux.

Peu importe, vous les attèlerez à l'instant.

**LE JEUNE HOMME.**

Ce n'est pas possible.

**LE POSTILLON.**

Je vous attèlerai plutôt vous-même.

**EDMOND**, s'échauffant.

Qu'est-ce que c'est que des insolens et des drôles pareils!

**MATHILDE**, dans la voiture.

De grâce, monsieur Edmond, calmez-vous.

**LE JEUNE HOMME**, au postillon.

Étienne, vous avez eu tort d'injurier monsieur... et vous devez parler honnêtement à tout le monde.

**EDMOND**, les menaçant.

Ces canailles-là ne savent pas à qui ils ont affaire, et je leur apprendrai la politesse à tous.

**LE JEUNE HOMME**, froidement.

Pas si haut monsieur... pas tant de bruit... Si, malgré mes excuses, vous n'êtes pas satisfait?...

**EDMOND**, avec hauteur.

Non, sans doute... et s'il y avait ici quelqu'un à qui il fût possible de parler sans se compromettre...

**LE JEUNE HOMME**, toujours d'un ton doux et poli.

Qu'à cela ne tienne, monsieur... Je ne suis que le fils du maître de poste, mais j'ai été officier.

**EDMOND**, étonné.

Qu'est-ce que c'est?

**LE JEUNE HOMME**, ouvrant sa redingote, et lui montrant le ruban de la Légion d'honneur.

Et ceci doit vous prouver que j'en ai vu de près d'aussi terribles que vous.

**EDMOND**, d'un ton radouci.

Je ne dis pas non, monsieur... et sans la personne que j'accompagne et que je ne puis abandonner... sans l'obligation où je suis de continuer mon voyage...

**LE JEUNE HOMME**, se rasseyant tranquillement, et fumant son cigare.

Comme vous voudrez.

**EDMOND**, se rapprochant de la voiture où est Mathilde.

Ah! si vous n'étiez pas là... Mais vous sentez bien que, quand d'un instant à l'autre votre tante peut nous rejoindre, il n'y a pas moyen de s'engager dans une querelle qui nous retarderait encore.

**MATHILDE,** froidement et avec ironie.

Vous avez raison... Je vous remercie de ce que vous faites pour moi... d'autant que c'eût été inutile; car voici des chevaux qui reviennent.

**EDMOND.**

C'est juste.

**LE JEUNE HOMME.**

Vous voyez bien, monsieur, que nous vous avions dit la vérité.

**EDMOND.**

Il suffit... et je reconnais la loyauté de votre conduite... car, entre nous autres gens d'honneur... Allons, postillon, est-ce attelé?

**LE POSTILLON.**

Oui, monsieur.

**EDMOND,** après être monté en voiture, et saluant le jeune homme.

Adieu, mon cher... je repasserai avec plaisir.

**LE JEUNE HOMME.**

Comme vous voudrez.

**TOUS LES POSTILLONS.**

Bon voyage!

(La voiture part au grand galop, et au milieu des éclats de rire des postillons.)

**EDMOND,** un peu embarrassé, et après un instant de silence.

Nous avons perdu là un temps précieux; car il y a encore trois grandes lieues d'ici à Sens, et voici le soir qui arrive.

**MATHILDE.**

Peu importe... On peut voyager la nuit.

**EDMOND.**

Je ne le souffrirai point... pour vous d'abord... pour votre santé... vous devez être fatiguée, et moi aussi... Et pour tout l'or du monde, je ne ferai pas quatre lieues de plus.

**MATHILDE.**

Quoi! vous voulez vous arrêter à Sens?

**EDMOND.**

Oui, sans doute.

**MATHILDE,** avec effroi.

Et ma tante?

**EDMOND,** gravement.

Votre tante est une personne raisonnable, qui pense qu'après trente lieues de poste on a besoin d'un bon lit et d'un bon souper... et nous devons penser comme elle.

**MATHILDE.**

Et si elle nous rencontre?

**EDMOND.**

Je l'en défie... Ne savons-nous pas où elle loge? A l'Ecu de France, n'est-il pas vrai?

**MATHILDE.**

Certainement.

**EDMOND.**

Eh bien! il n'y a pas que cette auberge-là dans la ville... Postillon, la meilleure auberge après celle de l'Ecu?

**LE POSTILLON.**

L'hôtel de l'Europe, où l'on est au moins aussi bien.

**EDMOND.**

Je parie qu'on y est mieux... Postillon, à l'hôtel de l'Europe... c'est là que nous descendrons.

**MATHILDE,** insistant de nouveau et les larmes aux yeux.

Mais, monsieur... quand je vous prie en grâce...

**EDMOND.**

C'est inutile... je suis votre chevalier, votre protecteur, et je dois en dépit de vous-même veiller sur vous... Que diable! je suis courbaturé, ainsi vous devez l'être... Et vous n'avez rien pris aujourd'hui. Votre main est brûlante, vous avez la fièvre.

**MATHILDE,** avec égarement.

Je crois qu'oui... mais je l'ai voulu... mon sort est fixé... et quand j'en devrais mourir, j'aime mieux fuir que de m'exposer aux regards et aux reproches de ma tante.

**EDMOND.**

Voilà de vos exagérations ordinaires! il n'y a pas moyen de raisonner avec vous... D'abord, chère amie, vous ne mourrez pas; et ensuite, mettons les choses au pire... vous rencontreriez votre tante, et même votre père, qu'est-ce que cela ferait maintenant? Rien ne peut empêcher que vous ne soyez partie ce matin de Paris, avec moi, en tête-à-tête... dans une chaise de poste... Et pour l'honneur de la famille, pour votre réputation... il n'y a que le mariage... un bon mariage.

**MATHILDE,** à part avec douleur.

Il ne dit que trop vrai.

**EDMOND.**

Voilà que vous pleurez... ce n'est pas là répondre... Mathilde, Mathilde... Allons, elle sanglote maintenant. (A part.) Dieu! que c'est ennuyeux les petites filles! (Haut.) Vous détournez la tête... Vous ne voulez donc plus ni me voir ni me parler?

**MATHILDE,** d'une voix étouffée.

Non, non, laissez-moi.

**EDMOND.**

Comme elle voudra. Aussi bien, il n'y a plus à délibérer... Nous voilà aux portes de la ville, qui me paraît fort bien, autant que l'obscurité permet de distinguer. A peine neuf heures, et pas une lumière!... Tout le monde est déjà endormi... Que c'est amusant de coucher en province!... Mathilde, Mathilde... Elle ne me répond pas. Est-ce qu'elle se trouverait mal de fatigue et de besoin? C'est sa faute, avoir voulu faire trente lieues sans rien prendre!

**LE POSTILLON,** s'arrêtant devant une grande porte, et faisant claquer son fouet.

Ohé! ohé! la porte!

(Les portes de l'auberge s'ouvrent; la calèche entre dans la cour, la maîtresse d'auberge et ses servantes entourent la voiture. Edmond prend entre ses bras Mathilde, qui est à moitié évanouie, et dont il cache la figure avec son voile.)

**LA MAÎTRESSE D'AUBERGE.**

Madame paraît souffrante.

**EDMOND.**

Oui, ma femme est un peu indisposée de la route... Une chambre.

**LA MAÎTRESSE D'AUBERGE.**

A deux lits?

**EDMOND.**

Certainement...

LA MAÎTRESSE D'AUBERGE, criant.

Catherine, le numéro 2.

CATHERINE.

Oui, madame. (Éclairant.) Par ici, monsieur, par ici.

(Une chambre à deux lits, une cheminée, un canapé, une table. —Portes à droite et à gauche.)

EDMOND, posant Mathilde sur un canapé.

Ce ne sera rien... voilà qu'elle revient à elle... Vite du feu !

CATHERINE.

Vous voyez qu'on est en train de l'allumer.

EDMOND.

Et à souper ici... près de la cheminée.

CATHERINE.

Oui, monsieur.

EDMOND.

Qu'est-ce que vous allez me donner?

CATHERINE.

Si monsieur veut voir ce qu'il y a, et choisir lui-même.

EDMOND.

Ce sera plus prudent... Je vais commander le dîner, pendant que vous ferez nos lits... C'est le plus pressé. (Prenant la main de Mathilde.) Allons, allons, Mathilde, revenez à vous, et ne craignez plus rien. Nous sommes maintenant à l'abri de tout danger. (A Catherine.) C'est par ici, n'est-ce pas? la porte à gauche?

(Il sort.)

CATHERINE.

Oui, monsieur. (Mathilde, qui l'a à peine entendu, reste anéantie et la tête penchée sur son sein.) Voilà une pauvre jeune dame qui a l'air bien souffrante. Si madame veut s'approcher du feu... Madame, m'entendez-vous?

MATHILDE.

Oui, ma bonne... oui ; je vous remercie.

CATHERINE, à part.

Je vais chercher des draps. Je crois que le sommeil est ce qui lui est le plus nécessaire.

MATHILDE, restée seule, lève les yeux, et sort peu à peu de son anéantissement.

Où suis-je?... seule enfin!... Ah ! je respire! Que s'est-il donc passé ?...C'était un songe, un songe affreux !... (Regardant autour d'elle.)Non... ce n'est que trop vrai, je suis à lui... pour toujours à lui ! Ce n'est pas possible... Mes sens m'abusent et m'égarent... Ce n'est pas là celui que j'aimais... celui que mon cœur avait rêvé ! Quelle différence ! mon Dieu! et quel réveil !... et qui dois-je accuser ? moi, moi seule... Ah ! je suis bien coupable et bien malheureuse... Insensée que j'étais ! je n'ai écouté que ma tête et mes idées romanesques ; j'ai méprisé les conseils de la raison et de l'amitié ; j'ai mérité d'être punie... Mais être à lui !... mais lui appartenir !... Ah! mon châtiment serait plus grand encore que ma faute... et cependant maintenant comment lui échapper? Mon honneur, ma réputation ne sont-ils pas entre ses mains? Que faire, ô mon Dieu! que faire ? qui viendra à mon aide? (Poussant un cri et joignant les mains.) Ah! je n'ai que ma tante... je n'ai qu'elle au monde... et c'est pour me sauver que le ciel l'a conduite si près de moi... Oui... (Apercevant sur la table du papier, une plume et de l'encre.) Voilà ce qu'il faut pour lui écrire... Elle saura tout.

(Elle écrit vivement, et n'aperçoit pas Catherine qui apporte deux paires de draps.)

CATHERINE.

Madame veut-elle quelque chose?

MATHILDE.

Non... Que venez-vous faire?

CATHERINE.

Mettre de draps à votre lit... et à celui de votre mari.

MATHILDE.

O ciel !

CATHERINE.

Vous êtes toute tremblante.

MATHILDE, troublée.

Moi ! non... Dites-moi, vous êtes de cette ville? Connaissez-vous l'hôtel de l'Écu de France ?

CATHERINE.

C'est au bout de cette rue... Vous traversez la grande place... et juste devant vous.

MATHILDE.

C'est bien... (A part, regardant Catherine.) Si je l'y envoyais?... Non... non... Je ne resterai pas un moment de plus... Cette lettre, je la porterai moi-même... et si on refuse de me voir... (Avec confiance.) Ce n'est pas possible ! C'est la sœur de mon père... c'est ma seconde mère... son cœur et ses bras me sont ouverts.

CATHERINE, la regardant avec inquiétude.

Qu'avez-vous donc ?... Comme vous êtes agitée !

MATHILDE.

J'ai besoin de prendre l'air.

CATHERINE.

Si madame veut se promener en attendant le souper... nous avons un jardin d'un demi-quart d'arpent. Je vais vous y conduire.

MATHILDE.

C'est inutile ; je le trouverai bien. Restez... occupez-vous du souper ; c'est l'essentiel... (En tendant du bruit du côté de la porte à gauche.) On monte... c'est lui... (Sortant par la porte à droite.) Restez ; je reviens dans l'instant.

(Elle sort.)

CATHERINE, restée seule.

Voilà une petite dame qui est bien gentille, mais qui tout de même a un air bien singulier.

EDMOND, entrant avec deux garçons d'auberge qui portent des assiettes et des serviettes.

Allons vite... mettons là le couvert, et dépêchons-nous. (A Catherine.) Où est donc ma femme?

CATHERINE.

Sortie pour un instant... Elle avait besoin de prendre l'air.

EDMOND.

C'est bon, c'est bon, cela lui fera du bien... Là, près du feu, son couvert et le mien... Qu'est-ce que c'est que ce vin-là?

LE GARÇON.

Du vin du pays.

EDMOND.

Je n'en veux pas. Je vous ai demandé du vin de Bourgogne.

44

**LE GARÇON.**

C'en est... Nous sommes en Bourgogne.

**EDMOND.**

Comment ! Sens est en Bourgogne ?

**LE GARÇON.**

Oui, monsieur.

**EDMOND.**

Est-ce étonnant ! ce que c'est que de voyager ! Nous sommes en Bourgogne ! (Goûtant le vin.) Oui, ma foi ! (Voyant un autre garçon qui entre.) Ah ! voilà déjà le potage, et les pigeons en compote. C'est bien. On sert ici avec une activité ! Ce n'est pas comme au café de Paris, où avant-hier j'ai eu des entr'actes d'un quart d'heure entre chaque plat. On perd le fil d'un dîner, et on n'a plus de suite dans les idées. Mettez toujours le potage sur la table, et la compote auprès du feu. (A Catherine). Il me semble que ma femme est bien longtemps ; où est-elle donc ?

**CATHERINE.**

Je lui avais indiqué le jardin, où elle se promène.

**EDMOND.**

Elle s'y sera perdue.

**CATHERINE,** souriant.

Ce n'est pas possible ; mais si monsieur veut, je vais la chercher, et lui dire que le souper est prêt.

**EDMOND.**

Vous m'obligerez. Je n'aime pas à attendre, surtout quand on a servi. Les lits sont-ils faits ?

**CATHERINE.**

Oui, monsieur, et les couvertures aussi.

**EDMOND.**

A merveille.

**CATHERINE.**

Faut-il des oreillers ?

**EDMOND.**

Pour moi, certainement. Mais pour madame, je l'ignore. Demandez-lui.

**CATHERINE.**

Est-ce que monsieur ne sait pas l'usage de madame ?

**EDMOND.**

Non, pas encore.

**CATHERINE,** à part.

C'est des nouveaux mariés... Est-ce gentil !

**EDMOND,** seul auprès du feu.

C'est gentil... Je le crois bien... Un bon souper... un bon feu... et une jolie femme !... Aïe! j'ai les pieds gonflés. (Otant ses bottes et mettant des pantoufles.) Autant se mettre à son aise... quand on est chez soi... Mais voyez si elle viendra... Je meurs de faim... et le potage qui va refroidir ! (Il attend quelques instans, se promène dans la chambre.) Est-ce qu'elle aurait oublié le souper ? (Gravement.) Il y a bien du désordre dans cette tête-là... Je ne dis rien, (Froidement.) parce que je l'aime... Mais une fois ma femme, il ne faudra pas qu'elle s'avise de me faire attendre... pour mes repas. (Avec impatience et s'asseyant.) Ma foi elle dira ce qu'elle voudra, je vais toujours me servir. (Prenant une cuillerée de soupe.) Dieu ! que c'est chaud ! Je vais aussi lui en mettre dans son assiette pour que ça refroidisse... Cela passera pour une attention... Otons la soupière et servons les pigeons... là... (Mettant sa serviette et mangeant son potage.) Nous y voilà. (La porte à laquelle il tourne le dos s'ouvre en

ce moment. Sans retourner la tête.) Enfin la voilà!... Je savais bien que cela la ferait venir... Allons donc... Allons donc, retardataire... Votre soupe vous attend. (Paraît une dame d'une cinquantaine d'années : tournure distinguée, costume de voyage. Elle s'avance près d'Edmond et lui dit : ) Monsieur Edmond de Verneuse ?

**EDMOND,** tout étonné et se levant.

C'est moi, madame... (Balbutiant.) C'est-à-dire, c'est moi et ce n'est pas moi... car je suis ici incognito, et je m'étonne que vous me connaissiez.

**L'ÉTRANGÈRE.**

Vous allez être au fait... Je vous demande seulement cinq minutes d'entretien, et je me retire... Mais je vous prie, avant tout, de ne pas vous déranger, et de vouloir bien continuer votre souper.

**EDMOND,** se remettant à table.

Puisque vous l'exigez... je n'en serai pas fâché. (Il découpe le pigeon, dont il se sert une aile.) Pardon, madame... je vous écoute.

**L'ÉTRANGÈRE.**

Je suis madame de Bussières.

**EDMOND,** laissant tomber sa fourchette.

Ah ! mon Dieu ! (A part.) La tante de Mathilde... Qu'est-ce que cela signifie ?

**MADAME DE BUSSIÈRES.**

Partie ce matin de Paris, je viens d'arriver à l'Écu de France, où j'avais fait d'avance retenir mon logement pour cette nuit. A peine entrée dans l'appartement qui m'était destiné, on me remet cette lettre, que je ne vous donnerai pas, mais dont vous connaissez l'écriture.

**EDMOND.**

Celle de Mathilde.

**MADAME DE BUSSIÈRES.**

Je dois avant tout vous la lire : « Ce 6 octobre, hôtel de l'Europe, neuf heures du soir. »

**EDMOND.**

Cela n'a pas une demi-heure de date.

**MADAME DE BUSSIÈRES.**

Précisément. (Continuant à lire.) « Ma tante, ma seconde » mère, sauvez-moi : c'est une coupable qui vous écrit, » une coupable qui n'a d'espoir qu'en vous. Egarée par » les conseils d'une compagne d'enfance, par mes lectures » romanesques, par ma jeunesse, mon inexpérience, j'ai » aimé... non, c'est profaner ce mot ! j'ai cru aimer quel-» qu'un que mon cœur seul avait créé... car ce qui m'a-» vait séduit en lui, grâce, esprit, amabilité, noblesse, » courage, tout cela n'existait que dans mon imagination ! » Je ne le connaissais pas, et il m'a suffi de le connaître » pour que l'illusion fût détruite... »

**EDMOND.**

Qu'est-ce à dire ?

**MADAME DE BUSSIÈRES,** continuant.

» Un seul jour, un jour entier passé près de lui, me » l'a montré tel qu'il était. Ce matin, je l'adorais, et main-» tenant je le déteste, je l'abhorre. Plutôt mourir que d'être » à lui. »

**EDMOND.**

Assez, madame, assez.

**MADAME DE BUSSIÈRES.**

J'ai fait comme vous, je n'ai pas achevé cette lettre ; j'ai couru à ma nièce, qui, pâle et tremblante, attendait son arrêt ; elle voulait tomber à mes genoux ; je l'ai prise dans mes bras, je l'ai rassurée. Elle m'a tout raconté, et je connais maintenant tous les détails de votre liaison et de votre voyage.

**ÉDMOND, confus.**

Quoi ! madame...

**MADAME DE BUSSIÈRES, sévèrement.**

Je ne vous dirai pas tout ce que je pense de votre conduite. On peut pardonner à la jeunesse de Mathilde, à son inexpérience ; mais à vous, monsieur, chercher à séduire, à enlever une riche héritière, une jeune personne de seize ans! vous n'avez pas songé qu'il y avait là une réunion de circonstances dont, même à notre défaut, la justice pouvait s'emparer.

**EDMOND, pâlissant.**

Quoi ! vous croyez ?

**MADAME DE BUSSIÈRES.**

Loin de nous une pareille idée ; ce serait à jamais vous perdre d'honneur, et nous tenons à votre réputation autant qu'à celle de notre famille. Daignez donc m'écouter avec attention. (Lentement et avec gravité.) Mon frère a quitté hier Paris, persuadé que sa fille partait avec moi.

**EDMOND.**

Oui, madame.

**MADAME DE BUSSIÈRES, de même.**

Ma nièce a quitté ce matin l'hôtel de son père, seule, dans une voiture de place, et en disant qu'elle allait me rejoindre pour partir avec moi.

**ÉDMOND.**

Oui, madame.

**MADAME DE BUSSIÈRES, appuyant sur chaque mot.**

Eh bien! mettez-vous dans l'idée et persuadez-vous bien que c'est réellement avec moi qu'elle est partie ce matin et qu'elle a fait la route de Paris à Sens.

**ÉDMOND.**

Que voulez-vous dire ?

**MADAME DE BUSSIÈRES.**

Qu'il n'y a maintenant au monde que vous et Mathilde qui ayez connaissance des événemens d'aujourd'hui ; et si jamais le moindre bruit en courait, si un mot en transpirait, ce ne serait que par vous, par votre indiscrétion.

**EDMOND.**

Madame !...

**MADAME DE BUSSIÈRES.**

Et j'ai deux fils, tous deux militaires, qui tiennent encore

plus que moi à l'honneur de leur famille et à la réputation de leur cousine.

**EDMOND, avec émotion.**

Madame, vous me connaissez mal, et vous pouvez être sûre que mon honneur et ma délicatesse m'engageront seuls au silence.

**MADAME DE BUSSIÈRES.**

J'en suis persuadée, et j'en doutais si peu, que mon intention était de vous demander la seule lettre que ma nièce vous ait écrite, et qui, ce matin encore, à ce qu'elle m'a dit, était là, dans votre portefeuille.

**EDMOND, l'ouvrant et la lui donnant.**

Comment donc! trop heureux de vous donner cette preuve de ma sincérité.

**MADAME DE BUSSIÈRES, la prenant.**

C'est bien, monsieur... Je pars donc avec ma nièce, (Avec intention.) qui ne m'a jamais quittée : j'achèverai la route avec elle ; j'arriverai avec elle à ma terre, où ma famille nous attend, et là notre amitié et nos conseils la guériront bien vite de quelques défauts, fruits de son inexpérience et de sa jeunesse ; mais ce qui n'appartient qu'à elle, c'est la noblesse et l'élévation de ses sentimens, c'est surtout la bonté de son cœur. Avec cela, et grâce à la leçon d'aujourd'hui, on se corrige aisément, et bientôt, je l'espère, ma nièce deviendra une femme accomplie. Vous n'y aurez pas peu contribué, monsieur, et ce sera pour vous une satisfaction intérieure de tous les instans.

**EDMOND, s'inclinant.**

Madame, certainement...

**LE GARÇON, entrant avec un plat de rôti.**

Monsieur, voici les perdreaux.

**MADAME DE BUSSIÈRES, souriant.**

Je vous laisse avec eux, et retourne à mon hôtel... Non, non, ne vous dérangez pas, de grâce! Désolée d'avoir interrompu votre souper.

(Elle sort.)

**EDMOND, resté seul, et jetant avec colère sa serviette sur la table.**

Vit-on jamais une aventure pareille? Et elle avait peur que je n'en parlasse !... Ah! bien oui! on se moquerait trop de moi à Paris. Avoir conduit jusqu'ici, dans ma voiture, une jeune personne charmante... le souper prêt... la couverture faite... et tout cela pour rien... rien au monde... que mes frais de voyage! Si jamais maintenant on me rattrape à courir la poste de cette manière-là!... C'est une bonne leçon, et je me souviendrai du proverbe :

*Il vaut mieux tenir que courir.*

FIN DU TÊTE-A-TÊTE,

ET DE LA ONZIÈME SÉRIE.

Typ. de Mᵐᵉ Vᵉ DONDEY-DUPRÉ, rue St-Louis, 46, au Marais.

www.ingramcontent.com/pod-product-compliance
Lightning Source LLC
LaVergne TN
LVHW022153080426
835511LV00008B/1370